开口就能说重点

陈凤玲 —— 编著

吉林文史出版社
JILINWENSHICHUBANSHE

　　说话是一门艺术，如何说话，说到重点更是一种智慧。有人噼里啪啦、天南海北，也讲不到一句重点；有人沉默寡言、不善言辞，进而错失众多机遇；有人巧言妙语、一针见血，在职场、生活中混得风生水起。区别在于你的话语是否有魅力，让人愿意听，并愿意留下机会。

　　开口就能说重点，不是直白、僵硬地表达，是一种更聪明的表达方式，是根据对方心理，巧妙表达出自己的思想，让对方不反感、乐意去考虑的话语。是一种能站在对方的角度考虑问题，求同存异、不强加的姿态。职场上，开口就能说重点，不仅节省了时间，提高了效率，也让人乐意接近和信任你，愿意将工作交托于你。

　　开口就能说重点，并不是一蹴而就，生来就会，而是需要一个过程的，是在人与人交往中不断积累学习得到的。有人喜欢站在公众舞台演讲，将自己的思想传播出来，人们也愿意倾听，这便是一种魅力，语言的魅力造就了个人的魅力。但有时我们也不需要这样滔滔不绝、天花乱坠的演说，适度、恰当的言语，总给人一种修养有方、涵养有度的优雅。

巧妙地表达出自己的思想，是需要一定的勇气的。莎士比亚曾说："你有舌头吗？如果你不能用舌头博取女人的欢心，你就不配称为男人！"这是一个自信者的言说。行动固然重要，但适当的言语沟通也是促进彼此关系的黏合剂，适度的甜言蜜语，适度的真诚解说，适度的坦诚剖心，都是生活的理解和感动。爱情不易，婚姻更不易，一个家庭，缺乏沟通就会沦为一盘散沙。反复唠叨，重翻旧账，偏激执拗，也难达到理想效果。简洁精准、委婉巧妙的话语，总能吸引对方注意，让对方愿意驻足倾听。

如果你喜欢一个人却不知该如何表达，如果你陷入感情冰点又不知该如何挽救，如果你面对能力范围外的请求不知该如何拒绝，如果你面对求职时的"陷阱问题"不知该如何化解时……阅读本书，会让你有所得，有所收获。

本书列举了大量经典案例，根据不同情境，分析其难度所在，为你提供相应的方法妙计，巧妙利用语言，化解尴尬，解决社会人际关系中所面临的种种问题。这是一本非常实用的沟通智慧书，教你如何使用不同的说话方式，通过案例，举一反三，让你成为令人信服的沟通高手。还在犹豫什么，翻开本书，细细去品味每一段故事的精髓吧。

目 录 MU LU

目录

目 录

目 录

一见钟情，搭讪话如何开口

难度系数：★★

难度何在：

1．对陌生的她（他）一见倾心，心里会有欣喜更会有紧张。

2．如何搭讪，才不会让对方觉得你唐突或无聊，是难点之一。

3．如何搭讪，才能让对方同样对你心生好感，并愿意继续与你交流，是难点之二。

※ 观察对方的优点，从夸奖开始

某天，徐巍去银行取钱，人很多，年轻漂亮的女职员忙个不停，有点儿不耐烦，看起来她好像心情不是很好。徐巍很想跟她交谈，怎么开口呢？

观察了一会儿，徐巍发现了女孩的优点。轮到他填取款单时，他边看她写字边称赞说：

"你的字写得真漂亮！现在像我们这样的年轻人，能写这么一手好字的人，确实不多了。"

女职员吃惊地抬起头，听到顾客的称赞，心情好了点儿，但又不好意思地说：

"哪里哪里，还差得远呢！"

徐巍认真地说：

"真的很好，看上去你像练过书法，我说的对吗？"

"是的。"

"我的字写得一塌糊涂，能把你用过的字帖借给我练练字吗？"

女职员爽快地答应了，并约好了下午到办公室来取。一来二去，两人有了感情，并最终结成了良缘。

人有喜欢被赞扬的天性，女人尤其如此。恰到好处的赞扬，往往能打开你和她交谈的大门。如果对一个女孩一见钟情，你不妨先细心观察她，发现她的优点，再赞扬她。当然，你的称赞不可太言过其实，否则会给她留下油嘴滑舌的印象。

※ 发掘对方的爱好，从兴趣开始

一位漂亮的小姐目光一闪，一眼看到了她正在努力寻找的那本书在那个男子手中时，便"哎呀"一声。

"你很想找这本书吗？想读的话送给你吧。"男子边说边欣赏着她美丽的容貌，怦然心动。

"可是，你也想读呀！"

"不，你读吧，我还有其他的书读。"

"不过，这真不好意思！"

"哦，没什么，和你在一起，如果把心思用在读书或其他事情上，那就太失礼了。"

"呀!"

女孩的脸上微泛出红润,露出了一丝难以觉察的笑容。那男子则更大胆向她靠近了:

"你好像喜欢推理小说?"

"是的,杀人的场面描写,我不太喜欢,但推理性的解谜游戏,我喜欢。特别是这个作者的作品,推理性很强,我更是爱不释手。"

"噢,这位大作家的书我也很喜欢,我包里有几本呢。"

"哦?那么,《荒诞世界》你有吗?"

"那本代表作吗?有的。"

"那么,借我看一会儿行吗?"

"当然可以,只是得到下午才能借给你。"

"啊?为什么呀?"

"好不容易认识了你这位漂亮的小姐,还让你埋头推理作品中,很难有这样的男人。"男人似乎在开玩笑,盯着含情脉脉的女孩调侃着。

"你……"女孩笑了起来。

"我叫吴鹏,你呢?"

"我叫沈佳。"

就这样,他和她并肩散起步来,并且都做了详细的自我介绍,敞开心扉地交谈起来,渐渐增强了亲密感。

这位男士的话语中充满了幽默,但更关键的是,抓住了女孩的兴趣,并以此为"诱饵"打开了女孩说话的"闸门",并不失时机地称赞了女孩,使女孩在不知不觉中"上了钩"。生活中碰到了你一见钟情的人，又不想错失良机的话，最好能从对方感兴趣的话题说起，而不是一味地大肆吹嘘自己。

※ 寻找双方的特点，从共性开始

军和琴在省保险业务培训班上相识，在一次课堂讨论上，军被琴优雅的气质和聪颖的观点深深吸引住了。下课后，军走到琴桌子旁，说：

"你好，刚才你的演说非常精彩。我很赞成你其中的……"

琴饶有兴趣地和军讨论了一会儿，这时，军突然问道：

"你是哪里的？"

"衡阳市的，我在衡阳师专毕业。"

"是吗?! 太巧了，我也是衡阳师专毕业的。你是哪一级的？记得，那时学校里……"

这不，双方的共性找着了，军就从学校生活开始回忆起，和琴愉快地交谈起来了。

"物以类聚，人以群分"，每个人的社交圈，实际上都是以自己为圆心，以共同点（血缘、年龄、爱好、工作、知识层次等）为半径构成无数的同心圆。共同点越多，圆与圆之间相交的面积就越大，共同语言也越多，也更容易引起对方的共鸣。面对初次见面就动心的她（他），你当然希望你们之间能有尽可能多的交谈，这时如果能找到你和她（他）的共同点，自然就能找到共同的话题。

不宜说的话：

1. 言不由衷的话——如"哇，小姐好漂亮啊!"如果对方并不是一个非常漂亮的女孩，一定会觉得你不坦诚。

2. 过于直白的话——如"我想跟你聊聊，行吗?"对方往往会被你的唐突吓着，尤其是当对方是一个内向的人时。

3. 过于炫耀的话——如初次见面为了显示自己的博学，便天文地理、日月经天地胡侃一通，只会搬起石头，砸自己的脚。

4. 喋喋不休的话——在与一见倾心的人聊天时，如果你将自己放在主要位置，自始至终一个人独唱主角，只会令人生厌。

如何说出久藏于心的"我爱你"

难度系数：★★★

难度何在：

1. 当你爱上一个人的时候，心里总是躁动不安，想让心中的她（他）知道同时又害怕让她（他）知道。该不该说出来，是难点之一。

2. 开口表达爱意，最理想的效果当然是赢得了对方的心。但如果落花有意，而流水无情，你要如何表达才能不给你们原本的朋友关系带来尴尬，是难点之二。

※ 实话虚说，借机抒情

1866 年，对陀思妥耶夫斯基是具有重要意义的一年。妻子玛丽亚和他的哥哥相继病逝。为了还债，他为出版商赶写小说《赌徒》，请了速记员，她叫安娜·格利戈里耶夫娜，一个年仅 20 岁，性情非常善良和聪明活泼的少女。

安娜非常崇拜陀思妥耶夫斯基，工作认真，一丝不苟。书稿《赌徒》完成后，作家已经爱上了他的速记员，但不知道安娜是否愿意做他的妻子，便把安娜请到他的工作室，对安娜说："我又在构思一部小说。"“是一部有趣的小说吗?"她问。"是的。只是小说的结尾部分还没有安排好，一个年轻姑娘的心理活动我把握不住，现在只有求助于你了。"他见安娜在谛听，继续说:“小说的主人公是个艺术家，已经不年轻了……"

主人公的经历就是作家自己，安娜听出来了，她忍不住打断他的话:“你干什么折磨你的主人公呢?"“看来你好像同情他?"作家问安娜。

“我非常同情他，他有一颗善良的心，充满爱的心。他遭受不幸，依然渴望爱情，热切期望获得幸福。"安娜有些激动。陀思妥耶夫斯基接着说:“用作者的话说，主人公遇到的姑娘，温柔、聪明、善良，通达人情，算不上美人，但也相当不错。我很喜欢她。"

“但很难结合，因为两人性格、年龄悬殊。年轻的姑娘会爱上艺术家吗?这是不是心理上的失真?我请你帮忙，听听你的意见。"作家征求安娜的意见。

“怎么不可能?如果两人情投意合，她为什么不能爱艺术家?难道只有相貌和财富才值得去爱吗?只要她真正爱他，她就是幸福的人，而且永远不会后悔。"

“你真的相信，她会爱他?而且爱一辈子?"作家有些激动，又有点儿犹豫不决，声音颤抖着，显得窘迫和痛苦。

安娜怔住了，终于明白他们不仅仅是在谈文学，而且在构思一个爱情绝唱的序曲。安娜小姐的真实心理正如她自己所言，她非常同情主人公，即作家陀思妥耶夫斯基的遭遇，且从内心里爱慕这位伟大的作家，如果模棱两可地回答作家的话，对他的自尊和高傲将是可怕的打击。于是安娜激动地告诉作家："我将回答，我爱你，并且会爱一辈子。"

后来，作家同安娜结为伉俪。在安娜的帮助下，陀思妥耶夫斯基还清了压在身上的全部债务，并在后半生写出了许多不朽之作。陀思妥耶夫斯基向安娜求爱的妙计，历来被世人当作爱情佳话，广为传诵。

在不敢肯定对方是否也有意于自己时，采用实话虚说的说话技巧，既能摸清楚对方的心理，又能避免在遭受拒绝时自己的尴尬，不失为一个好的办法。

※ 以问探路，暗表心意

1932 年苏联姑娘李莎跟李立三在莫斯科相识，并很快产生了感情。李立三想跟李莎表白，可想到自己曾遭批判，李莎可能会有所顾虑，因而找了个机会，以诚恳的口吻问李莎：

"我犯过严重的错误，这些年我一直在接受批判，还要继续作检讨。这些你都知道吗？你受得了吗？"

只提了两个问题，没有一句热情奔放的表白，可言外之意却非常明确。聪明的李莎心领神会，听后紧紧地握住了李立三的手，说："我相信你！"两颗年轻的心终于靠在了一起。

这种以问探路的技巧，其精妙之处在于：既明白地传达了爱的信息，又充分表达了理解对方、尊重对方的意愿，这就从根本上避免了可能引起的尴尬，可进可退，十分主动。生活中，如果你对结果并没有十分的把握，担心对方可能因为某个问题而对接受你的感情尚有疑虑时，比较适宜采用以问探路的表达法，抓住可能成为双方交往的障碍之事来探测对方的态度，而提问本身实际上就是表露爱心。

※ 以物为媒，巧设"圈套"

马克思与燕妮是青梅竹马的朋友，两人一直互相爱慕着对方，但谁也没有表白。进入了青年时代的马克思，有一天对燕妮说：

"我已经爱上了一个人，决定向她求婚。"

此时的燕妮心里急躁起来，愣了半天，便问马克思：

"你能告诉我你所选择的姑娘是谁吗？"

马克思答道：

"可以呀。"边说边将一个小方盒递给燕妮，还说道：

"在里面，打开它，你便会知道了，不过，只能当我离开以后……"

等马克思走后，燕妮的心七上八下地跳荡，她终于启开了盒盖，里面只有一面镜子，别无他物。燕妮恍然大悟，幸福地笑了，镜子里照出了她美丽的容颜，照出的正是被马克思深爱的燕妮自己。

聪明的马克思巧妙地借用一面镜子表达了自己的心意，甚至连正面的"我爱你"三个字都没有说，但依然让燕妮明白了他的心意。在中国古代戏剧中也有《花为媒》《柜中缘》，都是以某种物体为媒介，使一对儿有情人终成眷属。现代生活中，也可以巧用物体为媒介，借用这种媒介表达自己的感情。

※ 循序渐进，步步为营

有一个女孩，聪明美丽，许多青年小伙子爱慕她、追求她，但是，无论是请媒人上门还是小伙子亲自求爱，均遭拒绝。她的老同学甘原也悄悄地爱上了她，但看到伙伴们一次次碰壁和女孩谜一样的眼睛，他不敢贸然行事。

有一天在集市上，甘原看见那个女孩蹲在一位卖木耳的大嫂跟前，指指画画地说了好一会儿。这个大嫂正是住在西庄的甘原的表姐。而后，甘原看见她的眼神总是在那一筐筐银耳和蘑菇上打转。从她的神情上，甘原有所觉悟，同时他想起了她家中有好几本培植银耳、蘑菇的书籍。于是甘原走向前，对女孩说：

"老同学，听说你有培植蘑菇和银耳的书，能不能借给我看看？"

她说：

"你也想培植蘑菇、银耳？"

"西庄我表姐家培植蘑菇、银耳，我爸说让我专跟表姐学！"

她眼睛一亮：

"西庄你表姐，是不是叫陈慧？"

"是啊。"

"好极了！能不能让我也学？"

"我给你问问看吧。"

甘原故意卖了个关子。几天后，甘原和她一起去西庄学技术。后来，甘原又提出与她联合起来一起培植。再后来，甘原如愿以偿地把女孩娶回了家。

在对对方的心思还没有把握时，最好不要唐突地去表达，而应该像甘原一样循序渐进、步步为营地房获心上人的芳心。这时，最好能借助对方的兴趣和爱好，然后参与进去，给自己创造一个与她（他）

相处的机会，在细水长流的日子中，让对方爱上你。

※ 开门见山，直抒胸臆

列宁在伏尔加河畔认识了克鲁普斯卡娅，在随后的交往中，逐渐爱上了她。由于革命工作繁忙，列宁只好把爱情深深埋藏在心里。当列宁被流放到西伯利亚后，他抑制不住相思之苦，给克鲁普斯卡娅写了封信，第一次向她表达了自己的爱情。信的末尾是这样写的：

"请你做我的妻子吧！"

面对列宁的突然表白的求婚方式，克鲁普斯卡娅勇敢地闯进了严寒的西伯利亚，和列宁走到了一起。

像列宁这样大胆坦白地表达自己的爱意，甚至一步到位地求婚的方式，想在现实生活中运用的话，至少需要几个条件：首先，你必须确知对方的心里也有你。其次，你得知道对方的性格能接受你这样的坦白。否则的话，容易给对方留下鲁莽冒失的印象，甚至吓着对方。

名人名言：

你有舌头吗？如果你不能用舌头博取女人的欢心，你就不配称为男人！

——莎士比亚（作家）

面对恋人的缺点，怎么说

难度系数：★★★

难度何在：

1．对自己所爱的人，该不该表达不满，这是个难题。当你面对对方的缺点时，会觉得说出来容易伤害对方，不说出来自己又难以忍受，所以，你总会在说与不说之间徘徊。

2．恋人会因为拥有你的爱而有些娇纵，往往一言不慎，就会爱情告急。如何巧妙地说出你的不满，既达到了自己的目的，又不让对方生气，这是难点所在。

※ 用幽默诙谐的话表达

小雅非常喜欢跳舞，男友小张偏是个好静的人，正参加本专业的自学考试，但常被她拉去舞厅。小雅有个很不好的习惯，不跳到舞厅关门不尽兴，久而久之小张就受不了了。有一次他们从舞厅出来已是夜里12点多了，小张说：

"你的慢四跳得很棒，我还没看够。你一路跳回宿舍怎么样？"

小雅撒娇说："你想累死我啊！"

小张一副认真的样子："不要紧，我用快三陪你跳。"

小雅扑哧一乐："亏你想得出，丢下我一个人也不怕我碰上流氓。"

小张这时言归正传：

"那你在舞厅丢下我一个人也不怕我打瞌睡被人偷了包儿。"

小雅这时才知道男友压根儿没有兴趣跳舞，以后就有所收敛了。

幽默能使恋爱情趣盎然。当对方的所作所为引起自己的不满时，用幽默诙谐的语言表达，是最好的选择。这样，既不破坏美好的气氛，又容易让对方在愉快的笑声中轻松接受你的意见。

※ 用推心置腹的话表达

小胡和小黄谈恋爱时，小黄的父亲生病住院，小黄的姐姐买了瓶高级人参酒孝敬父亲。正月里，小胡和小黄两人去小胡的大哥家拜年，小胡见小黄只想带两瓶"四特"酒，不太满意，自作主张地要把人参酒带去拜年。小黄心里很不乐意，他知道小胡爱面子，就借故把小胡叫到房间，推心置腹地说：

"这酒可是我姐姐对父亲的一片心意。我父亲当然没有什么意见，因为他只有我这么一个小儿子还没成家，给你家亲戚拜年大方一点儿也是应该的。可你想一想，要是这事让我姐姐、姐夫知道了，心里会是什么滋味。假如你嫂嫂把我们送给她的东西拿去孝顺别人，你心里会是什么滋味呢？"

小黄一番至情至理的话说得小胡后悔得低下了头，主动向小黄认了错。

生活中，面对恋人的缺点，有时需要用合情合理的话，把你的心掏给对方，作一次倾心的交谈。尽管可能让对方认为你是小题大做，但仔细想过之后，会认识到自己的不对，从而更加珍惜你对她（他）的一片真情。

※ 用献替可否的话表达

小丽是一个时尚的女孩，穿着前卫，偏好穿一些露脐装或吊带衫。男友小陈心有不满，却又不好表达。一次，小陈要去外地出差一个月，临走前，给了小丽 2000 元钱，说是给她自己去买衣服的。小丽有点儿受宠若惊，于是说：

"才离开一个月，也不需要花那么多钱买衣服啊。"

小陈笑着说：

"这是给你充分的自由嘛。我在外地给你买的衣服你都不喜欢，这一个月，你可以尽情地买，也省得我从外地带了。"

小丽觉得有点儿不好意思了，因为自己在买衣服的问题上的确从没有征询或尊重过男友的喜好。于是问：

"那你希望我买什么样的衣服呢？"

小陈还是很温柔地说：

"无论你穿什么衣服，在我眼里都很漂亮。不过，如果你能换换风格，没准能发现自己的另一种魅力，比如端庄典雅或者窈窕淑女的那种，这样，我也能欣赏到你不同风格的美丽了。"

等小陈出差归来，小丽果然买了不同于以往风格的衣服，给小陈带来无尽的惊喜。小陈表达不满的办法叫"献替可否"。这一招源于

《左传·昭公二十年》，意思是一方面不否定对方原有的意见或做法，另一方面又为对方提出你认为同样很好的意见或做法。这样，在对方觉得你还是认可他的时候，就比较容易考虑你的建议。在恋人之间这一招往往能起作用，因为恋人是不希望你否定她（他）的。

※ 用旁敲侧击的话表达

小徐的父亲是领导，她从小养成了养尊处优的习惯，在和男友小李谈恋爱时也总是显示出某种优越感。因为小李是农家子弟，大学毕业后分配在局里做科员，没有什么"靠山"。有一次小徐到小李家做客，对小李家人的一些生活习惯总是流露出看不顺眼的情绪，并不时在小李耳边嘀嘀咕咕。吃过晚饭后又把小李的妹妹使唤得团团转，又是要喝冷饮，又是要西瓜的。小李看在眼里，心里很不是滋味。但他没有发作，反而笑着对妹妹说：

"要当师傅先做徒弟嘛！现在加紧训练一下也好，等将来你嫁到别人家里，也好摆起师傅的架子来啊。"

小李的话可谓是高明，他不失时机地用"要当师傅先做徒弟"的俗话来提醒小徐，避免了直接冲突。即使对方当时略有不满，过后也会有所感悟的。经小李这么一说，小徐以后果然收敛了很多。

有时候恋人的缺点不是有意为之，而是长时间的生活习惯使然。如果直接批评恋人的无心之过，可能造成正面冲突。这时不妨用旁敲侧击的话提醒对方，让她（他）自己体会出自己的不是之处。当她（他）认识到你用心良苦地给她（他）留住了面子，自然就会接受你的意见。

说话技巧：

恋爱中的人，经过了一段时间的相处，对对方的性格、脾气总能了解个大概。当你发现了对方的缺点，想表达自己的意见时，说的话一定要因对方的性格而异。只有对症下药，才能见效。如果你对一个性格内向敏感的人，直来直去地表达你的不满，反而会引起对方的猜疑或伤心。

巧言挽回滑向冰点的感情

难度系数：★★★

难度何在：

1．感情出现危机时，还要保持理性的心态去说话，这是难点之一。

2．如何说话才能不给已经滑向冰点的感情雪上加霜，这是难点之二。

3．说的话要既能唤回对方的热情，又不失自己的面子，这是难点之三。

※ 欲擒故纵

军和琴闹别扭后，冷战了大半个月。女孩毕竟心软一些，琴实在忍受不住感情的折磨，准备向军妥协，先给军打了个电话：

"我的一本《计算机考试指南》放在你那儿了，我急用，你送过来好吗？"

狡猾的军装作病恹恹的声音说：

"按理我应该给你送过去的，可是我现在生病了，还病得不轻呀。"

琴一听神情紧张起来：

"你怎么啦？要不要紧？"

"我得了一种很严重的病，叫相思病。"

军的贫嘴，让琴扑哧一笑，矛盾就在这一问一答中消解了。

等到了琴的电话，军当然开心，便要了一个小小的"欲擒故纵"的伎俩，告诉琴自己生病了，听到琴担心的话语，军知道琴心里已经原谅自己了，"骗"来了琴的关心，军才把真相说出来。

※ 温柔的谎言

一对夫妻坐在沙发上一边品茶，一边翻阅着两人从恋爱到结婚拍下的照片，突然一张陌生女人的照片映入她的眼帘，凭着女人的直觉，她问丈夫：

"这是谁呀？"

"她是我的朋友，我们曾经同窗五年，感情很好，可是因为阴差阳错的原因分开后，就再也没有彼此的音讯。后来我和你结婚了。没想到，有一次在外地出差，竟然碰到她了，我们在她家聊了会儿，这张照片就是上次从她家带回来的。如果你不高兴，就把照片取下来吧。"

丈夫的坦白，让妻子很难受，她很想把照片取下来，并与丈夫大吵，但看着丈夫旧情复发的样子，她说了谎话：

"这毕竟是一段真实的感情，照片还是留着吧。"

不久，那个朋友竟然调到本市来工作了，丈夫思绪万千。妻子觉察出来了，温柔地问："你有什么心事了吗？"

丈夫又一次说出了真情，可想而知，妻子的心情该会多么紧张，可妻子还是温柔地说了谎：

"那就让她到我们家来玩吧。"

女朋友真的来了。妻子忍着心里的酸楚，面带微笑地接待了她。告别时，妻子还推着丈夫说：

"老朋友了，去送送她吧。"

丈夫与他的女朋友走在人行道上，突然女朋友说："你的妻子真好，你们好好过吧。"说完就跑了。

妻子掩盖心情说出的温柔谎言，终于把丈夫留住了。如果她挑明了把心里话说出来，没准换来的结果就是把丈夫撵走了。

碰到感情危机的时候，有的话真说，可能有坏的结果，如果假说，却可能取得好的结果。关键在于你要区分出什么话应该假说，否则就会弄巧成拙。

※ 幽默制胜

一对夫妻大吵了一架，妻子一气之下，说要带走所有属于自己的财产，然后离婚。说着就开始收拾东西。一个大行李箱整理好了，妻子拖着箱子，走到门口，这时丈夫一个箭步跑上去，说：

"我是你最大的财产，你都不带走，怎么活?! "

这又爱又恨的幽默终于把妻子留下来了。

再如，一对老夫妻吵架后，彼此不再开口。过了几天，先生忘记了吵嘴的不愉快，想和太太说话，可太太就是不理他。

后来，先生在所有的抽屉、衣橱里到处乱翻，搞得一副混乱不堪的样子，弄得老太太忍无可忍，她问道：

"你到底在找什么呀？"

"谢天谢地"，老先生说："我总算找到你的声音了！"

老头儿的幽默着实让人佩服。他通过这样一种巧妙的话，达到了和好的目的，而在这种情况下，用一种说理的方式是很难奏效的。

夫妻没有隔夜仇，当两人因为一些没有根本性分歧或冲突的事情闹僵时，何不试试用幽默的方式来润滑感情呢？对方的一时生气很可能因为你的一句笑话而解气了。

不宜说的话：

1. 揭短的话——夫妻之间最了解对方的缺点，揭起短来最能切中要害，但也最能伤害感情。一旦自尊心被伤害，爱的纽带也就被割断了。

2. 态度强硬的话——夫妻之间的争吵、矛盾常由小事引起，不一定非辨出个是非，声音大一点儿态度强硬一点儿，就算把对方压下去了，又哪里会赢得喜悦？

3. 胡搅蛮缠的话——尤其是对方已经有感情"出轨"的苗头时，你的胡搅蛮缠无疑暗中为"第三者"加了分。

和陌生人快速套近乎的话

难度系数：★★

难度何在：

1．初次见面，两人之间总免不了让人紧张的拘束感，在这种氛围中如何保持说话的风度，是难点之一。

2．在最短的时间内，用最合适的语言，打开对方的心扉，找到共同的话题，是难点之二。

※ 攀亲认友

1984 年 5 月，美国总统里根访问上海复旦大学。在一间大教室里，里根总统面对数百位初次见面的复旦学生，他的开场白是这样说的：

"其实，我和你们学校有着密切的关系。你们的谢希德校长同我的夫人南希，都是美国史密斯学院的校友呢。照此看来，我和在座各位自然也就都是朋友了！"

此话一出，全场鼓掌。短短的两句话，就使几百位黑头发黄皮肤的中国学生把这位碧眼高鼻的洋总统当作了十分亲近的朋友。接下去的交谈自然十分热烈，气氛极为融洽。里根总统能在如此短的时间内打动如此多的陌生人，拉近彼此心理上的距离，靠的就是他紧紧抓住了彼此之间还算亲近的关系。

一般来说，对一个素不相识的人，只要事前做一番认真的调查研究，你往往都可以找到或明或暗，或近或远的亲友关系。而当你在见面时及时拉上这层关系，就能一下子缩短心理距离，使对方产生亲近感。类似的例子还有，三国时代的鲁肃，他就是一位攀亲认友的能手。他跟诸葛亮初次见面时的第一句话就是："我是你哥哥诸葛瑾的好朋友。"就凭这句话，使得诸葛亮愿意与他倾心交谈，为以后的孙权跟刘备结盟，共同抗击曹操打好了基础。

※ 扬长避短

被誉为日本"销售权威"的霍依拉先生，有一回，为了替报社拉广告，去拜访梅依百货公司总经理。寒暄之后，霍依拉突然发问道：

"您是在哪儿学会开飞机的？总经理能开飞机真不简单啊。"

话音刚落。总经理兴奋异常，谈兴大发，广告之事自然不在话下，霍依拉还被总经理热情地邀请去乘他的私人飞机！

人人都有自己的长处，也都有短处。人们一般都希望别人多谈自己的长处，不希望别人多谈自己的短处，这是人之常情。跟初谈者交谈时，如果以直接或间接赞扬对方的长处作为开场白，就能使对方感到高兴，对你产生好感，交谈的积极性也就得到了激发。

※ 表达友情

西安事变和平解决后，桂系代表、进步人士刘仲容先生由西安秘密前往延安，毛泽东第二天即邀请他到寓所会见。毛泽东在门口表示"热烈欢迎刘先生光临"之后，刘仲容回答说："毛先生日理万机，多有打扰了。"毛泽东马上说：

"刘先生不远千里而来，不避危险而来，总得见见面嘛。"

这短短的两句话既表示了欢迎之情，又有高度赞扬之意，言简意赅，情深意长。刘仲容听后深感温暖，如逢故旧，便以推心置腹的热忱态度毫无拘束地跟毛泽东促膝长谈。

毛泽东的技巧在于用三言两语恰到好处地赞扬了对方，表达了自己的友情。生活中，和陌生人第一次交谈之前，如果你能恰当地表达你对对方的友好情意，或肯定其成就，或赞扬其品格，或欢迎其光临，或同情其处境，或安慰其不幸，就会顷刻间让对方与你产生心灵上的共鸣，从而对你产生一见如故的感觉。

※ 投其所好

林叔和芸姨都是鳏寡之人，经人介绍在一家茶馆里见面。林叔点了一杯绿茶，说："淡泊名利，清茶一杯。我最爱喝茶，你要点什么呢？"芸姨回答说："我有点儿神经衰弱，喝茶晚上会睡不着，还是点杯白开水吧！"听到这里，林叔捕捉到一个信息，开始说：

"是吗？到了我们这个年纪，最要紧的还是身体啊。我从医书上看到，说神经衰弱，吃这些比较好……"

芸姨的话匣子也被打开了，两人从中老年人的身体健康谈起，越聊越开心。与人第一次见面，如果能用心了解与利用对方的兴趣爱好和关注的话题，就能缩短双方的距离，而且给人留下你这个人很细心，会观察和照顾人的好印象。例如，和中老年人谈健康，和少妇谈孩子和减肥以及大家共同关心的时尚话题等，即使你不太了解对方，也可以谈谈最近的热点新闻、书籍等话题，这样能在短时间内与对方建立起良好的沟通关系。

名人名言：

　　尽量不说意义深远及新奇的话语，而以身旁的琐事为话题作开端，是促进人际关系成功的钥匙。

——丁·马菲（作家）

只说一次就让你的姓名被记住

难度系数：★★

难度何在：

认识的人多了，总会忘记一些人的姓名，尤其是一些不熟的人。而每个人总希望被忘记的那个名字不是自己的，如何让人只听一次就牢牢记住你的名字，就是难点所在。

※ 利用名人式

如代玉自我介绍时说："大家都很熟悉《红楼梦》里多愁善感的林黛玉吧，那么就请记住我，我叫代玉。"

再如王琳霞："我叫王琳霞，和世界冠军王军霞只差一个字，所以，每次王军霞获得世界冠军时，我也十分激动。"

利用和名人的名字相近的方式来介绍自己的名字，关键是选的名人得是大家都知道的，否则收不到效果。

※ 自嘲式

如刘美丽介绍自己时说："不知道父母为何给我取这个美丽的名

字。我没有标准的身高，也没有苗条的身材，更没有漂亮的脸蛋，这大概是父母希望我虽然外表不美丽，但不要放弃对一切美丽事物的追求吧。"

※ 自夸式

如李小华："我叫李小华，木子李，大小的小，中华的华。都是几个没有任何偏旁的最简单的字，就如我本人，简简单单、快快乐乐。但简单不等于没有追求，相反，我是一个有理想并执着追求的人，在追求的路上我快乐地生活着。"

※ 姓名来源式

如陈子健："我还未出生，名字就早在我父亲的心目中了。因为他很喜欢这样一句古语'天行健，君子以自强不息'，于是毫不犹豫地给我取了这个名字，同时希望我像君子一样自强不息。"

※ 望文生义式

如秦国生："我是元老，因为我的年纪无疑是最大的。刚才仔细一算，我已经两千多岁了。因为我是秦始皇吞并六国时出生的，我叫秦——国——生。"

※ 理想式

如向红梅："我向往像红梅一样不畏严寒，坚强刚毅，在各种环境中都要努力上进，尤其是在艰辛的环境里，更加绽放出生命的美丽。"

※ 释词式

即从姓名本身进行解释。如朱红："朱是红色的意思，红也是红色的意思，合起来还是红色。红色总给人热情、上进、富有生命力的感觉，这就是我的颜色！"

※ 利用谐音式

如朱伟慧："我的名字读起来像'居委会'，正因为如此，大家尽可以把我当成居委会，有困难的时候来找我反映反映，本居委会力争为大家解决。"

※ 调换词序式

如周非："把'非洲'倒过来读就是我的名字——周非。"

※ 激励式

如展鹏在新生见面会上说："同学们，我们从五湖四海走到这里，为了什么？不就是为了好好学习，今后在社会这片广阔的天空中大鹏展翅，自由翱翔吗？"

※ 摘引式

如任丽群："大家都知道'鹤立（丽）鸡群'这个成语，我是人（任），更希望出类拔萃，所以，我叫任丽群。"

说话技巧：

　　想只说一遍就让自己的名字被记住，有很多方法，关键的技巧在于：充分发挥想象力，把自己的姓名与大家熟悉的事物、人名、场景、心情等等联系起来，巧妙解释自己的名字。因为，人总是容易记住原本就熟悉的东西。

巧妙说出会给别人造成伤害的真话

难度系数：★ ★ ★ ★

难度何在：

1. 你的话会给人造成伤害时，这样的话总是难以启齿。

2. 如何说话，才能将伤害降低到最低，是问题的难点所在。

※ 以婉代直

老胡总爱上别人家串门，而且一旦进了门，就唠唠叨叨聊个没完，不聊到筋疲力尽就不会主动离开，弄得大家都有点儿怕了他。这天晚上，他又串到了老白家，摆开了一副聊天的架势。老白焦急万分，真想直接对他下个逐客令，但又怕说出来会伤害到他。聊了一会儿，老白说：

"老胡啊，今晚我有时间，咱们可以好好谈谈。从明天开始我就要全力以赴写职评小结了，我争取这次能评上工程师。"

这两句话的言下之意再明白不过了：请您从明天起别再来打扰我了。果然第二天，老胡就没有再找上门来。

生活中，对那些不受欢迎的人下逐客令，的确是一种难以启齿的话。如果你善于以婉代直，用婉言柔语暗示对方，效果会比那种冷酷无情的逐客令相比好得多。类似的话，还有"最近我妻子身体不适，吃过晚饭就想睡。咱们是不是说得再轻点儿?""这是我第一次发表文章，请您指正。我想今后尽量挤时间来写点儿东西，我还年轻，真想有所作为啊。"这些话，或者用的是商量的口气，或者表达的是尊重的意思，但都是话中有话地暗示了对方：不希望你的高谈阔论来打扰我了!

※ 逐渐渗透

有一位老人体弱多病，心脏不好。在外地工作的小儿子是他最宠爱的。这年过年时，儿子来信说要回来看望老人，老父亲十分高兴，在家里准备了很多好吃的。可是儿子在回家的路上出车祸死了。这个消息如何告诉老人呢? 如果直言相告，老人肯定承受不了。于是家人是这么跟老人说的："路上车太多，出了车祸，小冲受了伤，正在抢救。"

过了一天，又说："还在抢救，不过情况不太好。"

又过了一天，家里人说："我们可能得做最坏的准备了。"

最后，告诉他："医生作了最大的努力，但是……没有留住小冲。"

此时，老人已经明白了，却显得不是那么震惊。生活中，当估计到不幸消息对于当事人可能造成致命打击的时候，就不宜一次性地通知对方，而应采取这种逐渐渗透的办法，一次比一次多地把坏消息透露出来，在这样一个过程中使之增强承受力，当最后把实情说出来时，对方就不感到太突然了，以至承受不住。

※ 拐弯抹角

19 世纪意大利著名作曲家罗西尼，对自己的创作非常严肃认真，非常注重独创性，对那些模仿、抄袭行为深恶痛绝。有一次，一位作曲家演奏自己的新作，特意邀请罗西尼去听他的演奏。罗西尼坐在前排，兴致勃勃地听着，开始听得很入神，继而有点儿不安，再而脸上出现不快的神色。

演奏按章节继续进行着，罗西尼边听边不时地把帽子脱下又戴上，过了一会儿，又把帽子脱下，又戴上，这样反复了好几次。那位作曲家也注意到了罗西尼这个奇怪的动作和表情，就问他，是不是这里的演出条件不好，太闷热。罗西尼说：

"不。我有一见熟人就脱帽的习惯，在阁下的曲子里，我碰到那么多熟人，不得不频频脱帽了。"

艺术贵在独创性，所以，罗西尼十分厌恶那些单纯模仿、抄袭的行为。然而直接的指斥恐怕会让对方十分难堪，甚至伤害到对方，罗西尼便用体态语言及其说明来委婉地表示"碰到了那么多熟人"，言下之意是你抄袭了那么多人的作品。

在特定的环境中，考虑到双方的关系和表达目的的需要，最好将那些不好、不愿、不宜、不便直接说出来的话采取拐弯抹角的方式说出来。使用这种拐弯抹角的语言技巧时，并非要求你说话高深晦涩、令人费解，而是能够让对方通过你话中的表层含义自然顺畅地理解出你的深层含义。

※ 自言自语

美国报业大亨赫斯特在旧金山办第一张报纸时，著名漫画大师纳斯特为该报创作了一幅漫画，内容是唤起公众来迫使电力公司在电车前面装上保险栏杆，防止意外伤人。然而纳斯特的这幅漫画完全是失败之作。发表这幅漫画，有损报纸质量；不刊登这幅漫画，又如何向他开口呢？如果直言告诉他这幅漫画画得不好，必然会伤害到这位大家的自尊心。

当天晚上，赫斯特邀请纳斯特共进晚餐，先对这幅漫画大加赞赏，然后一边喝酒，一边唠叨不休地自言自语："唉，这里的电车已经伤了很多孩子了，多可怜的孩子，这些电车，这些司机简直不像话，这些司机像魔鬼，瞪着大眼睛，专门搜索在街上玩耍的孩子，一见到孩子就不顾一切地冲上去……"

听到这里，纳斯特从座椅上弹跳起来，大声喊道："我的上帝，赫斯特先生，这才是一幅出色的漫画！我原来寄给你的那幅漫画，请扔进纸篓。"

这里，赫斯特没有直接说出来对那幅漫画的不满，而是利用自言自语的技巧，流露出内心思想，既使对方自己做出放弃的反应，又不伤害对方的自尊心，保全了面子。这不失为一种好办法，因为人总是爱面子的，有些话直接说出来只会伤了和气，而采取自言自语的方式说出自己心里真实的想法，对方便会从你的话中读出你的意思。

不宜说的话：

1. 直言相告的话——尽管是真话，可毕竟伤害到了对方。

2. 胡编乱造的话——瞒得了一时，瞒不了一世，总是要把真实情况告诉对方的。

善意的谎言怎样说

难度系数：★ ★ ★

难度何在：

1. 该在什么场合下，该对什么人，说善意的谎言，是难点之一。

2. 如何说话，才能让对方觉察不出你是在说谎，或者觉察出来的同时也体谅出了你的善良用心，是难点之二。

※ 摆脱纠缠

小章是一个喜欢找人闲聊的人，有时候甚至不管别人有事没事，都能跟人磨上半天。这不，这天下午他又敲开了小李家的门，聊了一会儿，小李突然抬腕看了看时间说：

"对不起，我下午要去参加一个会议，还要做点儿准备工作，要不下次我们再聊？"

小章只好起身告退了。针对这种老爱找你闲聊的人，如果对方的谈话又总是毫无实质性内容的话，作为朋友你要把人拒之门外，显然是不礼貌的，而如果与他不断地闲聊下去，又会把自己的宝贵时间消磨一空。这时，最为明智的办法就是"说谎"了，推说自己还有别的工作要做，现在没空之类的。这种善意的谎言能有效地帮你摆脱唠叨者的纠缠。

※ 委婉拒绝

谢某的一个熟人向她推销贩来的女式皮大衣，谢某知道这熟人商业道德欠佳，怕上当，不想买她的大衣，却又不方便得罪对方，因此礼貌地说：

"谢谢你对我的关心，我正想买一件皮大衣。但是我丈夫刚好出差去了，临走时说了要给我买一件回来，我想他一定不会让我失望的。"

那熟人听了也就不好再说什么了。事实上，谢某的丈夫是真的出差了，可并没有说买大衣的事，她灵机一动才编出个这样的理由，巧妙地回绝了对方。生活中，直言相告地去拒绝一个朋友，有点儿不近人情，不如使用一点儿小小的谎言，让对方体谅自己的"难处"，同时又不伤害感情。

※ 以牙还牙

有一次，诗人马雅可夫斯基正在彼得堡大街上行走，看到一位妇女正在向周围的群众大发议论，用恶毒的语言攻击布尔什维克。马雅可夫斯基一听，拨开人群，径直走到造谣者面前，说：

"抓住她，她昨天偷我钱包了！"

"您说什么呀？"那妇女一听吓坏了，急忙争辩："您一定是认错人了！"

马雅可夫斯基一口咬定："错不了，就是她——戴着绣黄花的帽子，她偷了我 25 卢布！"

围着那妇女的人们一听，开始讥笑她，一边议论，一边纷纷散开了。马雅可夫斯基就这样用谎言惩罚了那位造谣惑众的妇女。

※ 逃避灾难

辛亥革命后不久，袁世凯窃取了中华民国临时大总统的权力，但他的野心并未满足，他还妄想恢复帝制，因此每天都做着皇帝梦。一日，他仍在为此事处心积虑，不久便倦然而卧，真的做起白日梦来。一位伺婢正好端来参汤，准备供袁世凯醒后进补，谁知不慎将玉碗打翻。婢女自知大祸临头，吓得脸色苍白、浑身打战。因为这只玉碗是袁世凯在朝鲜王宫获得的珍宝，算得上他的"心头肉"，过去连太后他都不愿意用来孝敬，现在化为碎片，这弥天大罪是无论如何也逃脱不了了。正在这时，袁世凯醒了，他一看玉碗被打得粉碎，顿时气得脸色发紫，大吼道：

"今天非要了你的命不可！"

这一吓，倒使婢女惊出一计来，她连忙哭诉道：

"不是小人之过，实在是有下情不敢上达。"

袁骂道："快说，看你能编出什么鬼话！"

婢女说："小人端参汤进来，看见床上躺的不是大总统。"

"混账东西，床上不是我，是谁？"袁世凯怒不可遏。

"小人不敢说，小人好怕。"婢女大声哭道。

袁倏地站了起来："你再不说，老子一刀砍了你！"

婢女连忙下跪，战战兢兢地说：“我看见……床上……床上躺着的是一条五爪大金龙！”

袁世凯一听，以为自己真是金龙转世，就要登上梦寐以求的皇帝宝座了，顿时一股喜流从心中涌起，怒气全消，还情不自禁地拿出一沓钞票为婢女压惊。

婢女的一个高明谎言，正中袁世凯下怀，正是这个谎言竟然帮她保住了性命！

※ 保守机密

在一次中外记者招待会上，一位西方记者向陈毅提出这么一个问题：

“最近，中国打下了美制的 U-2 型高空侦察机，请问，是用的什么武器？是导弹吗？”

对于这么一个涉及国防机密的问题，陈毅风趣幽默地举起双手在空中做了一个动作，然后有几分俏皮地说：

“记者先生，我们是用竹竿把它捅下来的呀！”

一句众所周知的假话顿时引得人们哄堂大笑，从而巧妙地达到了回避的目的。生活中，当被人问及一些诸如隐私之类的不宜透露的问题，用一些一听就知道是假话的话来回答，往往既能照顾对方的面子，又能保守自己的秘密，一举两得。

※ 增情添意

一次，小吴与单位几位同事去北京旅游，观名胜，赏古迹，寻奇涉险，尽情而游，竟把当初答应妻子为她在长安街上购物的事忘得干干净净。直到乘车返回家时，才猛地想起。不得已，他只有在本市的一家商场里买了一套裙子。回家以后，对妻子不敢如实相告，而以谎言哄之：

"平日里，你提篮买菜，洗碗刷锅，相夫教子，毫无怨言，真得好好感谢你。这次去北京，为了买这身儿裙子，我几乎跑遍了各大商场，才选中了它，也不知道你喜欢不喜欢，来，试试看！"

妻子笑逐颜开，欣然试装。试想，如果小吴如实相告，岂不大煞风景，甚至会引起一场小小的"内战"。夫妻间理应真诚相待，来不得虚伪和欺骗，但如果每件事都实言相告，每一句话都不得掺半点儿假，则不仅不能为家庭增添欢乐，反而还会使原本和睦温馨的家庭关系出现裂痕。因而，在不涉及大局，无关"宗旨"的家庭琐事上，有时不妨以"谎言"来润润色，创造出一种温情脉脉的氛围。

名人名言：

最成功的说谎者是那些能使用最少的谎言发挥最大作用的人。

——塞缪尔·巴特勒（作家）

怎样一语点破对方的谎言

难度系数：★★★

难度何在：

1. 如何意识到对方说的是谎言，是难点之一。

2. 如何抓住对方谎言中的漏洞，予以言语上的反击，是难点之二。

※ 一点突破法

一天，我国海关人员从一名英国水手的皮箱里，发现一瓶可疑的牙痛粉，经鉴定是毒品，公安人员立即传讯了这名水手。

"你知道这是毒品吗？"

"哦，对不起！这不是我的，是一名华侨旅客托我带的。"

"他是在什么时间什么地方交给你的？"

"前天晚上，我正在甲板上升国旗，忽然发现挂倒了，正在重新挂的时候，这位旅客走上来交给我的……"

"你升的是中国国旗？"

"我们是英国商船，升的当然是英国国旗。"

审讯人员说："够了，先生，你编造的故事太离奇了。按常规，轮船早上升旗，晚上降旗，你说晚上升旗，显然是假话，而且英国的米字旗是无所谓正倒的！"

英国贩毒者无言以对。这里审讯人员敏锐地抓住了他编造的谎言的疑点，运用"一点突破"的技巧，击中了对方的要害，迫使对方低头认罪。

当对方说谎的时候，他的谎言总是难以自圆其说的，你只要敏锐地捕捉住其中蛛丝马迹的疑点，再予以一点突破，对方的谎言就能被你揭穿。

※ 引蛇出洞法

某市个体老板武某，经营服装业，近来生意兴隆，越做越大，营业额不断攀升。税务机关要求他补交税款，但他坚持说谎，拒不承认营业额的扩大。征收员多次上门，都拿他没办法。

这一天，另一位税务征收员老张找到他，两人交锋一段时间后，老张便换了一副姿态，以关心的口气说：

"有笔大生意，你做不做？"

"生意人，哪有不做的！啥款式？有多少？"

"上次那种西装，两百套。"

"我正想吃进一批西装来换季。开价呢？"

"每套 200 元。如果全要，可打九折。唉，可惜你没这肚量。"

"笑话！我就要全吃！"

"你全吃？我提醒你呐：老规矩，贷款必须在两个月内付清啊！"

"小看人！两个月，我还卖不出去吗？"

"这可是 4 万多元哪！"

"算个屁！今年以来，我哪个月不卖它两万？"

"哦，那好，你先把这几个月漏的税补了再说吧！"

"你？……天哪！"

这里，老张揭穿武某谎言的技巧就叫"引蛇出洞"。先是变换了自己的身份和话题，利用税务部门为市场营销牵线搭桥的合法身份和正常职责，以武某感兴趣的西装生意为引子，巧妙地引出了"营业额多少"这个话题，逐步将武某从"严防死守"的区域牵引而出，一旦其露出了马脚，便迅速出击。这时候，再坚定的说谎者也只能乖乖地补缴税款。

引蛇出洞的关键在于，引要引得巧妙，诱要诱得自然，而且用以引诱的事物必须有难以抵抗的诱惑力。

※　明顺暗吓法

有家生产乳制品的大工厂，某日来了一位怒气冲冲的顾客，他对厂里的总负责人说："先生，我在你们生产的乳制品中发现了一只活的苍蝇，我要求你们赔偿我的精神损失。"说完这位顾客提出了一个近似天文数字的赔偿数目。

负责人一听，就知道这是一个讹诈的骗招，十足的谎言，因为他们厂的乳制品生产线上所有接触产品的容器都是密封的，而且他们对厂内卫生的要求已近乎苛刻，因此根本不可能有苍蝇出现。面对这样的骗子最简单的办法就是当面揭穿并把他轰走，但这样做也许会使骗子恼羞成怒，到处造谣。稍作思索后，这位负责人便很有礼貌地请这位顾客到远离员工的一间会客室里，说是坐下来详细谈谈，这位顾客以为有机会得逞，不禁得意扬扬。

当这位顾客一再强调他在乳制品中发现了活苍蝇时，负责人很有风度地说：

"先生，看来真有你说的那么回事，这显然是我们的错误。你放心，你会得到合理的赔偿，由于这个问题事关重大，我们绝不会忽视。这样吧，你稍等一下，我马上下令关掉所有的机器，以查清错误的来源。因为我们公司有规定，哪一个生产环节出现失误就由哪位来负责。待我把那位失职的主管找出来，让他给你赔礼道歉，并对其予以重处。"

说完后，负责人一脸严肃地命令工程师："你马上去关闭所有的机器，然后停产检查。虽然我们生产流程中不应该会有这样的失误，但既然这位先生发现了，我们就有责任给顾客一个满意的答复！"

那位顾客本来只是想骗取一些钱财，并没有想到自己的谎言会引起如此严重的后果，顿时担心自己的诡计若被识破，他会因此承担整个工厂因停工而造成的重大损失，那么即使他倾家荡产也可能赔不起。于是他开始感到害怕，嗫嚅道："既然这么复杂，我想就算了，只是希望你们以后不要再发生类似的事情。"他给自己找了台阶，忙不迭地溜走了。

面对欺骗和讹诈，高明的负责人并没有草率行事，而是运用冷处理的方法，先让对方尽量"熄火"，然后采取明顺暗吓、柔中带刚的方式逼其知难而退。生活中不乏这样的例子，有些人拿着谎言来敲诈，对付他们就可以采取这"明顺暗吓"的技巧，先佯装顺着对方，在温柔的话中隐藏着"杀机"，以镇住对方，让对方自知无理，自行告退。

※ 虚假预设法

美国首任总统华盛顿年轻的时候，家里的一匹马被邻人偷了。华盛顿同一位警官到邻人的农场里去索讨，但那人口口声声说那是他自己的马，因而拒绝归还。华盛顿立即跑过去，用双手蒙住马的双眼，对邻人说：

"既然这匹马是你的，那么，请你告诉我们，马的哪只眼睛是瞎的？"

"右眼。"

华盛顿放开蒙右眼的手，马的右眼并不瞎。

"我说错了，马的左眼才是瞎的。"邻人急忙争辩说。

华盛顿放开蒙左眼的手，马的左眼也不瞎。谎言被揭穿了，邻人顿时哑口无言，只好乖乖地把马还给了华盛顿。

这里，华盛顿用的就是"虚假预设"法的语言技巧，为对方设置了一个逻辑上的陷阱。这种技巧的奥妙在于，它使对方无论作何种回答都得承认这个前提，从而显示出自己的虚假，这是揭穿谎言的好办法。

名人名言：

人们喜欢谎言，不仅因为害怕查明真相的艰难困苦，而且因为他们对谎言本身具有一种自然但却病态的爱好。

——培根（科学家）

化干戈为玉帛的劝架

难度系数：★ ★ ★

难度何在：

1．当别人吵架的时候，气氛本身就剑拔弩张得让人紧张，劝架的人掺和进去，话说得不好的话，反而会让气氛更紧张。

2．如何说话，才能让双方平静下来是难点之一。

3．如何说话，才能让双方不仅平静下来而且还继续友好地相处，是难点之二。

※ 婉转批评

在某市一个车水马龙的大马路边上，围了一群人。原来是一对儿年轻夫妇在吵架。男的戴眼镜，模样像个知识分子；女的面容憔悴，哭得十分伤心，吵着要撞车寻死。那男的大声指责妻子"没知识，跑到大马路上当众出丑"，一连串粗话，越骂越凶，妻子越哭越伤心。旁边人劝了几句根本不顶用。这时有位老人上前侧耳静听一会儿，镇定自若地上前拍拍那男士的肩膀说：

"你戴了副眼镜，像个知识分子。你有知识，就不要闷在肚里，要拿出来用——"

老人把"用"字字音拖长，讲得很响。那男的听了一愣，倒不骂了，定神听老人讲话。老人略顿了一下，接着又说：

"你要用你的知识来说服你妻子嘛！如果你只会跺脚，只会骂，不也变得没知识了吗？还是找个地方，冷静下来，好好劝劝她吧！"

几句话，说到了要害。那男的顿时像泄了气的皮球，变得不那么凶了。老人又去劝那女的：

"有话好说嘛！找组织，找亲友，都好讲嘛！心里有什么委屈都讲出来，不要闷头哭！汽车不能撞，大卡车可是个大力士，你一个人怎么能撞得过它呢？"

这时众人大笑，女的被大家笑得不好意思，倒不哭了。这番劝架的话确实立见功效，那对儿夫妻不吵了，慢慢走到公共汽车站，上车走了。

吵架的这对儿夫妻都有不对的地方，又不肯承认自己的错，才越吵越厉害。老人则分别指出了双方的不对，但批评得非常委婉，语气和缓，措辞恰当，夫妻双方才接受了他的劝说。

人在吵架时心中有火气，嘴上没好话，耳中听不见劝告。因此，劝架时不要纠缠于吵架人的某些过激言辞，要多用委婉的语言，注意不触及当事人的忌讳，一般情况下尽量不用激烈尖锐的语句，力避火上浇油，而要用好言好语"降温"。

※ 回顾真情

有两个同胞姐妹因为父母的遗产产生了纠纷。有一天她们在大姐家，大家一边吃晚饭一边讨论起这件事，两姐妹又激烈地吵起来了，互不相让。大姐假装不理会她们的争吵，而叹了口气，自顾自地说起来了：

"唉！现在大家经济条件真是好了，办这么一大桌酒菜都不费吹灰之力了。还记得你们小时候吗？有时候连鸡蛋都吃不上呢！我记得有一次你们俩看见邻居家的孩子拿着一个煮熟的鸡蛋，就吵着要吃鸡蛋。妈妈没法子了，就煮了一个洋山芋骗你们说这是洋鸡蛋。你们俩高兴得手舞足蹈。大妹说，'小妹你先咬一口吧'，小妹说，'还是姐姐你先咬一口'……"

说着说着，大姐哽咽起来，听着的两姐妹也都落下泪来，一场遗产纠纷就此化解了。

这位大姐是聪明的，如果她就事论事地去分割财产，想以此来化解两姐妹的争吵和矛盾，只会越闹越僵，说不定两姐妹还会对做大姐的产生意见。大姐对往事中两姐妹之间的真情进行了回顾，勾起了姐妹俩温馨的回忆，才使得矛盾得以成功化解。

当人们在吵架时，双方都处于不理性的状态，如果劝架的人硬是去为他们评个是非曲直，反而很容易加深他们的矛盾。只有能与他们一起回顾过去彼此之间的往事，唤起他们发自内心的真情，才能让双方真正做到互谅互让，再次回到曾经拥有的和谐中去。

※ 谐音曲解

在一辆列车上，一位妇女卖雪糕，先叫五角一块，后又叫一块钱一块。一位妇女买雪糕时说：

"前面卖的五角，后面卖的是一块，有这样做生意的吗？"

卖主却说：

"这叫一分钱一分货，五角的怎能和一块的相比，我的雪糕是正宗货。"临了补了一句：

"虎了吧唧的（东北话"傻"的意思）。"

买雪糕的妇女"唰"地变了脸色，提高音量说：

"你这话是怎么说的？你说谁'虎了吧唧'的？"

卖主顿时傻了眼，买主却越叫越带劲儿，一场战争即将爆发。这时一位旅客灵机一动，说："大姐，她说的是雪糕'苦'了吧唧的，不是说您'虎了吧唧'的。"

卖主也随声说："我是说雪糕，不是说您，对不起，我没说清楚。"

旁边的人也说："刚才她说的是'苦'，不是'虎'。"那买主的脸色便逐渐多云转晴，脸上又阳光灿烂了："哎呀，我的耳朵要聋了，怎么打起岔了，真不好意思！"卖主向圆场者感激地笑了笑，走开了。

一场眼看要爆发的吵架就这样被这位乘客化解了。生活中一些争吵原本是不必要的，只是因为当事人的心情不好，才会一气之下口无遮掩，冒犯了另外一方，从而引起争吵。如果在他的话中，能够巧妙地运用谐音等方法将之解释成别的意思的话，就能给双方找一个合适的台阶，从而避免一场争吵。

※ 比当事人更荒谬

两位青年农民有一次去给玉米施肥时，因猪粪离庄稼远近而争执起来。

甲说："猪粪离庄稼近，便于庄稼吸收，庄稼肯定爱长。"

乙说："让你这么一说，应该把庄稼种到猪圈里，一定更爱长。"

甲说："你这是不讲理。"

乙说："怎么不讲理？你不是说离猪粪近，庄稼爱长吗？"

于是两人开始争吵起来。这时，一位中年农民凑过来说：

"我看你们俩谁说得也不对。猪尾巴离粪最近，没见过猪尾巴长得有多长……"

一句话，使在场的人哈哈大笑。甲和乙在大家的笑声中也不好意思再吵了。中年农民劝架的话似乎连常识都不符合，可一语中的地点破了甲、乙两人的诡辩，更兼具强烈的幽默感。

"马有失蹄，人有失言"，偶尔失语在语言交际中难免发生，但失语往往是许多矛盾发生和激化的根源。当吵架双方因为失语引发了矛盾时，如果能抓住他们的话中明显不合逻辑的地方，然后顺着他们荒谬的逻辑，说出一个令大家捧腹大笑的更荒谬的结论，矛盾往往就能在笑声中化解。

不宜说的话：

1. 有所偏袒的话——偏袒任何一方都会让你失去劝架者应该具有的公允，特别是吵架的一方与你关系特别亲密时你偏袒他，只会激起另一方的反感。

2. 不讲道理的话——如果你不讲道理，只想用高压政策来劝架，效果往往是使吵架的双方都对你反感，而合力来对付你。

3. 把自己搅和进去的话——让自己也陷入吵架双方的纠纷中不能自拔，只会让局面越变越糟。

如何说话两边都不得罪

难度系数：★★★★

难度何在：

1. 双方观点相异或者利益相对立时，气氛总是有些紧张，你作为第三方该如何把握开口的时机，是难点之一。

2. 如何说话，才能既缓和双方之间的关系，也不得罪其中的任何一方，是难点之二。

※ 各打五十大板

一次，美国前总统里根在向记者谈论健康的奥妙时，不觉信口开河说："除了锻炼，我的另一个秘诀就是不吃盐。谁要想保持身体健康，最好不吃盐或者尽量少吃盐。"这番高论顿时引来了全国盐业老板的齐声抗议，引发了一场"食盐风波"。在困境中，里根请盐业研究所所长出面打圆场，但他既不能直接批评总统，也不能为了维护总统反击盐业老板们一拳。于是他说：

"吃盐对人体是有好处的；而里根总统遵循医嘱不吃盐也是正确的。每个人的情形不同，应该根据自己的身体状况来决定吃盐的多少。"

这里，所长先对各方各打五十大板，然后再做一番颇为客观的解释，十分巧妙地消除了总统言语失误带来的风波。

有时候，场面的尴尬完全是因为有人的言语不当引起大家的反感所致，这时圆场的人可以对各方的不正确之处分别点出来，均衡地各打五十大板，然后再就事论事地发表一番客观的见解。这样说话，既能保全说错话的人的面子，又能讨好被他得罪的人，两边都不得罪。

※ 分别肯定

某学校举办教职员工文艺比赛，教师和员工分成两组，根据所造的道具自行编排和表演节目，然后进行评比。表演结束后，没等主持人发话，坐在下面的人就已经分成两派，教师说教师的好，员工说员工的好，各不相让地吵起来了。

眼看活动要陷入僵局，主持人灵机一动，对大家说："到底哪个组能夺第一，我看应该具体情况具体分析。教师组富有创意，激情四溢，应该得创作奖；员工组富有朝气，精神饱满，应该得表演奖。"随后宣布两个组都获得了第一名。

这位主持人心里明白，文艺比赛的目的不在于决出胜负，而在于丰富大家的娱乐生活，加强教职员工的交流，如果为了名次而闹翻，实在得不偿失。于是，在双方出现矛盾的时候，主持人没有参与评论孰优孰劣，而是强调双方的特色并分别予以肯定。最后提出解决争议的建议，让双方都得第一，问题自然就解决了。

有些场合下，双方因为彼此不同意对方的观点而争执不休时，作为圆场的人就应该理解双方的心情，找出各方的差异并对各自的优势都予以肯定，这在一定程度上能满足双方自我实现的心理。这时再提出建议，双方就好接受了。

※ 稍稍折中

二战末期，在德黑兰会议上，斯大林与丘吉尔就如何处置德国纳粹分子一事发生了争执。由于斯大林非常仇恨纳粹，所以他认为至少应该处死 5 万名纳粹分子。而丘吉尔企图利用德国制约苏联，因此他大声反对。两人各持己见，互不相让，气氛非常僵。在场的罗斯福在这个问题上倾向于斯大林，但他又不能不给丘吉尔面子，于是，他用稍稍折中的方法笑着打圆场：

"你们看枪毙 49500 人行不行？"

没想到，斯大林和丘吉尔都愉快地接受了。斯大林虽然没有完全达到目的，但离自己的目标数据只相差了一点点，而丘吉尔也保住了面子，因为毕竟没有完全按照斯大林的意思去办。于是，会议又接着进行了下去。

生活中很多争执，往往是因为双方互不让步，因为觉得自己如果退让就会失去面子。因此，你作为夹在中间的第三方，想和平调停的话，固然可以同意其中一方的观点，但也一定要让另一方保全面子。把双方的意见有倾向性地作一个折中，就可以同时达到这两个目的。

※ 巧设前提

一次，老何到菜市场买菜，经过讨价还价，菜贩子以 1 块 1 角钱一斤的价格便宜地把西红柿卖给了他。当老何正要走时，同事小冯来了，正巧他也要买西红柿，这时菜贩子要价 1 块 3 一斤。小冯还价后，菜贩子让到了 1 块 2 一斤，并指着老何说："刚才卖给这个人，就是 1 块 2 一斤，不信，你问问他！"

小冯顺势便问老何："你买的有那么贵吗？"

这时老何为难了：如果说 1 块 1 一斤吧，小贩肯定会尴尬；如果说 1 块 2 一斤吧，又明显在欺骗同事。他想了想，笑呵呵地说：

"我来得早一点儿，把好的西红柿都挑走了，所以贵，是 1 块 2 一斤，剩下的可能会便宜到 1 块 1 一斤吧。"

这句话不仅让小冯知道了真实答案，而且也给菜贩子铺好了台阶下，双方都没有得罪，可谓是妙语宜人。

当双方意见不一致时，如果你想明确表示支持一方，但为了不得罪另一方，应该首先为他铺好后退的台阶。这时，给你自己的语言巧妙地加上一个合适的前提，就是最好的台阶。

不宜说的话：

1. 有所偏袒的话——哪怕你内心只赞成其中一方的观点，否则你必然得罪另一方。

2. 火上浇油的话——这样会令双方之间的气氛更加紧张。

3. 乱和稀泥的话——没准儿双方会共同联合起来对付你，那么岂不是吃力不讨好。

一语惊醒执迷不悟的人

难度系数：★★★★

难度何在：

1. 执迷不悟的人往往固执于自己的错误成见，抗拒别人的规劝，如何说话才能让他们愿意倾听，是难点之一。

2. 执迷不悟的人往往脾气暴躁，如何说话才能既唤醒他们，又不至于招惹他们反感而引起争吵，是难点之二。

※ 当头棒喝 反向刺激

一个高二女生受不良风气影响有了早恋倾向，和同班一个男生频繁约会，上课时也心不在焉。以至于成绩大幅度滑坡，班主任把她叫到办公室，问她为什么不认真学习，她回答：

"没心思学。"

班主任听后厉声呵斥道：

"你那心思都干什么去了？你为什么就这样执迷不悟？告诉你，中学生不许谈情说爱。再过一年，你就后悔莫及了，他考上了重点大学，就决不会跟你来往了——因为你太浅薄，太虚浮，太目光短浅了！"

那女生一听这么严厉的话，眼泪就扑簌簌流了下来，眼里满是对老师的忌恨，但心里却受了极大的震动。待她哭完，班主任又温和地说：

"对不起，我刚才的话可能不够礼貌，其实我只是出于无奈，是害怕你堕落到那种地步啊！"

那女生终于领会了班主任初而严厉继而温和的言谈方式的真实用意，因此，一面接受了老师的道歉，一面已经痛下了洗刷"浅薄"耻辱的决心。

生活中一些执迷不悟的人，成天沉浸在自己的想法中，浑浑噩噩，糊里糊涂。这时，要惊醒他们，可以采取像这位班主任一样"当头棒喝，反向刺激"的方式，给对方强烈的心理刺激，促使他深刻反思自我。当然，反向刺激的最终目的还在于正面引导，所以，最好能在对方有所触动后，再对自己刚才言语的率直加以道歉，让对方恢复心理上的平衡，只有这样，才能取得好的说服效果。

※ 迷惑对方，迂回出击

战国时的靖郭君是齐国的贵族，原来很受齐王重用，在国内很有权势。后来他与齐王有了矛盾，担心有朝一日会与齐王闹翻，于是，他打算在自己的封邑四周筑起城墙，以防止齐王的进攻。这一举措显然是不明智的，以一个家族的力量与强大的齐王相抗衡，无异于以卵击石。筑起高高的城墙，不仅挡不住齐王，反而会使双方的关系进一步恶化。因此，门客们纷纷劝阻，无奈靖郭君非常固执，不但不听，还下令守门的人不得为说客通报。

正当众人束手无策时，一个齐国人自告奋勇，上门求见，他向靖郭君保证见面时只说三个字，多一个字愿受烹刑。由于他许诺的条件十分奇特，靖郭君总算同意了他求见的要求。进门之后，他十分严肃地凝视着靖郭君，看了很长时间，然后，缓缓吐出三个字：

"海、大、鱼。"

说完，转身就走。靖郭君听了大惑不解，忙叫住他追问，那人却不肯多说，直到靖郭君声明前面的约定作废时，他才做了进一步的解释：

"先生没看见海里的大鱼吗？何其逍遥自在！鱼网捕不住它，鱼钩钓不住它。然而，一旦离开大海，在沙滩上搁了浅，就连小小的蝼蚁也能群起而攻之，把它当作口中之食。如今，齐国就是您的大海，若有齐王的宠信，您何需筑墙？如果失去齐王的支持，即使把城墙筑得再高，又有何用？"

靖郭君听了恍然大悟，就此放弃了筑城的计划。

这位说客首先使用"海大鱼"三个字激起了靖郭君的好奇心。按照常理，谈话时话语应该围绕特定的话题展开。"海大鱼"三个字，从字面上看，和当时双方共同关心的话题——筑墙没有丝毫联系。这样一句莫名其妙的话，不能不使靖郭君好奇心大起，这时主客之势就无形中发生了转换。本来是靖郭君摆开架势，严阵以待，准备拒谏。现在却是放下架子，好言安抚，虚心求谏。然后，这个齐国人采用迂回出击的战术。尽管靖郭君有了求谏的表示，他却并不急于谈论筑城之事。因为"筑城"是一个敏感的话题，过早触及这个话题没准儿又会唤醒靖郭君的戒备心理，使他重新回到原来那种封闭状态中去。所以，这位老练的说客开始时仍是若即若离地大说"海"和"大鱼"的故事，直到他就"大鱼"对"海"的依存关系充分论述清楚，并明晰地描述了鱼失去大海后为蝼蚁所食的残酷景象时，才画龙点睛地道出寓言的真意所在。这对靖国君来说，不啻是醍醐灌顶，不由得他不幡然醒悟，马上放弃筑城的计划。

※ 一针见血，切中要害

汉代著名的丞相萧何，有一次向汉高祖刘邦请求将上林苑的大片空地让出给百姓耕种。上林苑是一处专供皇室游玩嬉戏和打猎消遣的大片园林。刘邦一听萧何居然建议要缩减自己的园林，不禁勃然大怒，认为萧何肯定是接受了百姓和商人的钱财，才公然替他们说话办事。于是下令将萧何逮捕入狱。那时，廷尉是专门为皇帝办案子的部门，只要皇帝认定某人有罪，廷尉官员就不惜动用大刑使犯人认罪，以讨好皇上。因此，如果真的把萧何交给廷尉处理，那么肯定要屈打成招。可这时的刘邦非常固执，谁的规劝都听不进去，执意要处理萧何。

在这紧要关头，有一位侍卫官上前说："陛下是否记得原来与项羽抗争以及后来黥布谋反，陛下亲自带兵东征的时候？那几年，只有丞相一人驻守关中，关中百姓又非常爱戴丞相，如果丞相有利己之心，那么关中就不会是陛下的了。丞相不在那个时候去为自己谋大利，难道还会在这个时候去贪百姓与商人的一点小利吗？"

简单一席话，击中了要害，刘邦深受触动，终于醒悟到自己的鲁莽，对不起丞相的一片忠心，非常惭愧，于是立即下令赦免萧何，使他官复原职。

那些执迷不悟的人，总会有或多或少的错误想法，关键的心结不打开，就不可能走出思想的误区。这时，如果能一针见血，切中对方的要害，往往能起到醍醐灌顶之效。

说话技巧：

1. 一个人执迷不悟，可能是个性使然，也可能是一时糊涂，你要针对不同情况说不同的话，比如反面刺激的话就比较适合于那些一时糊涂的人。

2. 执迷不悟的人一定有其思想误区，不论采取什么说话技巧，最后你的话都一定要分析出或者让他自己醒悟出他的错误之处。

道歉，不是简单一句"对不起"

难度系数：★★★

难度何在：

1．要主动向人道歉，必须得搁下面子，克服难为情的心理，如何才能战胜自己的心理，大胆地开口，是难点之一。

2．当由于你的错误造成你和别人之间的不愉快时，两人之间的气氛自然会比平常紧张。如何说话，才能不至于错上加错，让关系更紧张，是难点之二。

3．道歉之后，最好既能让对方原谅你，又让对方还对你产生好感，让你们的关系比以前更友好，如何说话才能取得这种效果，是难点之三。

※　主动承担责任

某厂推销员小张到南方推销产品。由于竞争十分激烈，当地有实力的厂商凭借地利优势，抢去了不少生意，尽管这个推销员做了大量工作，想了很多办法，还是没能达到预期的推销目标。他回厂复命时，先向领导如实说明了这次推销的全过程，而后说：

"说到底是我没有认识到这次推销的难度，有麻痹轻敌的思想，轻视了当地厂家的实力，结果在竞争中造成了失利。这对我是个教训，这次我很抱歉，不过下次不会了。"

小张的解释和道歉，不但使领导了解了这次推销过程的全貌，而且也看到了竞争的态势，并没有把失利的责任全加在自己身上。显然，他主动承担责任的解释和道歉方式取得了领导的信任和谅解。假定他文过饰非，只提客观原因，说明南方厂家的地利优势，为自己的失利开脱的话，势必引起领导的反感，留下"越描越黑"的不良印象。可见，这种主动承担责任的道歉很好地表现了自己的责任感和高姿态，有助于他人客观地认识事物全貌，并得到他人的理解。

当自己的失误给他人带来损失或不快时，尤其对方还是你的领导时，千万别忘了在道歉前，主动分析自己的过错并承担起自己应承担的责任，然后再表示一下下不为例的决心，这样才能让对方暂且放你一马，只要下次表现好点儿，也就一切太平了。

※ 选准时机 以情动人

小雨不小心伤害了同学文，文一连好多天都没理她。她感到十分内疚，可看到文那双蕴含怒气的眼睛，又觉得没有勇气开口道歉。过了几天，文的生日到了，小雨到学校广播台为文点了首歌，并说：

"文，对不起，我真的不是故意伤害你的，你能原谅上周惹你生气的朋友吗？今天是你的生日，真心地祝福你生日快乐，前程似锦，每天都有好心情！"

文听到了广播很感动，立刻主动找到了小雨致谢，两人和好如初。

当你惹朋友生气时，需要真诚地道歉，但道歉也讲究时机的选择。我们很难想象，几十年以后的"对不起"能对当初的错误起到什么弥补的作用。所以，道歉要善于把握适当的时机，最好选在对方心平气和，有喜事临门等心情较好的时候，这时，你在道歉的同时，再加上对对方真诚的问候或祝福，对方一定更容易接受你的道歉，与你握手言欢、重归于好。

※ 借第三人之口传达

一次，苏东坡去拜访王安石，恰逢王安石不在家，但见其书桌砚台底下压着一首未写完的诗："昨夜西风过园林，吹落黄花满地金"。苏东坡想：菊花有傲霜之骨，花瓣怎么会四处飘落？王公真是"江郎才尽"铸成大错啊！于是，苏轼挥笔续诗："秋花不比春花落，说与诗人仔细吟"。然后拂袖而去。

过了些时候，苏东坡去后花园赏菊，正值刮了几天大风，园中十几株菊花枝上，一朵花也没有，只见落英缤纷，满地铺金。苏东坡一时瞠目结舌，想起那两句续诗，羞红了耳根。想亲自向王安石道歉，又担心解释不清，自讨没趣。他终于想出了一个办法，邀请王安石最亲密的诗友王令来家做客。然后向他说了那天乱改诗句的事情，随后感叹：

"我迄今对王安石深感惭愧内疚，这事给我的教训太大了，凡事不可自恃聪明，随便讥笑别人啊！"

后来，王令将苏轼的歉意转告了王安石。王安石知其良苦用心，于是消除了对苏轼的隔阂。

在这个例子中，苏轼属于不便亲自登门道歉的情形。一来，自古以来都是文人相轻，何况苏轼无端贬斥？二来，两人在政见上分歧很大，王安石推行新法，苏轼阻挠。鉴此，如果苏轼亲自登门，啰唆解释一番，或痛骂自己一顿，王安石恐怕会火上浇油，或视之为虚情假意，难以收到预期的效果。苏轼于是巧借第三者之口，转告自己的歉意，使王安石更加容易接受和相信。

现实生活中，也不乏这样的情况，有些人明知自己错了，也想向对方表达歉意，然而由于自尊心太强，面子太薄，当面道歉难为情，或者双方因为其他的原因不便亲自对话，这时，就可以考虑巧妙地借用"媒介"，让中间人为自己传达歉意，兴许还能收到当面道歉收不到的好效果。这种技巧使用起来，有两个关键之处：一是要选择合适的第三者，最好他是对方的好朋友；二是你与第三者的交谈一定要恰到好处地表达歉意并且让他明白你的良苦用心，只有这样，他才会替你转达歉意。

不宜说的话：

1. 遮遮掩掩的话——道歉贵在一个"诚"上，如果你"犹抱琵琶半遮面"，何谈一个"诚"字？

2. 推卸责任的话——如"要不是因为……我也就不会……"这样一味地强调客观原因，说得自己根本没有错，又何须道歉呢？

3. 奴颜婢骨的话——道歉需要真诚，但是一旦夸大其词，一味往自己脸上抹黑，反而会给人留下虚伪的印象。

4. 不够及时的话——及时道歉，才能迅速弥补你言行失误带来的不良后果。

批评，良药未必皆苦口

难度系数：★★★

难度何在：

1．指出别人的缺点时，双方之间的气氛总是让人紧张，在紧张的氛围中把握好说话的分寸比较困难。

2．批评别人，既不能伤害到对方，又不能引起对方的反感而伤害到自己，这本身就是一个难题。

※ 先褒后贬

柯立芝任美国总统期间，一天对女秘书说："你今天穿的衣服很漂亮，你真是一位年轻迷人的小姐。"

女秘书受宠若惊，因为这可能是沉默寡言的柯立芝对她的最大夸奖了。但柯立芝话锋一转，又说："另外，我还想告诉你，以后抄写时标点符号要注意一下。"

像柯立芝这样在批评之前先表扬对方，以表扬来营造批评的氛围，能让对方在愉悦的赞扬中同样愉悦地接受批评。因为人在听到别人对自己的某些长处的表扬之后，再听到他的批评，心里往往会好受得多。

这样先褒后贬的批评法，在日常生活中也可以常常用到。一位丈夫回家吃晚餐，可妻子做的菜实在太咸了，丈夫没有说三道四，把妻子的功劳全都抹杀，反而对妻子说："亲爱的，真是辛苦你了。下了班，要买菜，洗菜，再做出这样一顿丰盛的晚餐，真是不容易。看我多好的福气，我都已经垂涎三尺了，但如果以后能再少放一点点盐，就再美妙不过了。"这一席温情脉脉的批评，说得妻子自然在心花怒放的同时会进一步提高烹饪水平。

※ 先贬后褒

范承祚是外交部一名翻译，一次参加周总理的外事活动。总理及友人谈到中国气候时，突然问范承祚："你说台风是来自哪里？"范嗫嚅道："台风来自台湾海峡吧。"周总理听完神色严肃起来，当着外宾的面批评道："我们外交部的翻译，一不学历史，二不学地理。哪有台风来自台湾海峡的道理呢？台风是来自菲律宾深海区域嘛！"

眼瞧着范承祚的尴尬，周总理的批评点到为止，话锋一转，又说："范承祚同志是我的老乡，多次为我做翻译，我对他很了解。我今天这样批评他，并不是他平时的工作没做好。他还是积极的、勤奋的、为人很诚实。"

范承祚事后回忆起这件事时说，总理这堂"气象课"上得及时，使自己从此更加勤奋学习了，以免再开"荒腔"。

总理的这番话，就是先贬后褒的批评法，先在个别问题上给对方以严厉的批评，然后又在主流问题上给对方充分的赞扬。这种方法同样能使被批评者感动，收到与先褒后贬一样好的效果。

※ 幽默调侃

伏尔泰曾有一个仆人，有些懒惰。一天，伏尔泰请他把鞋子拿过来。鞋子拿来了，但布满泥污。于是伏尔泰问道："你早晨起来怎么不把它擦干净呢？""用不着，先生。路上尽是泥污，两个小时以后，您的鞋子又和现在一样脏了。"

伏尔泰没有讲话，微笑着走出门去。仆人赶忙追上说："先生慢走！钥匙呢？食厨上的钥匙，我还要吃午饭呢。"

"我的朋友，还吃什么午饭？反正两小时以后你又和现在一样饿嘛。"

伏尔泰巧用幽默的话语，批评了仆人的懒惰。批评别人的时候往往气氛会比较紧张，如果能使用富有哲理的故事、双关语、形象的比喻等幽默的话语，则可以缓解对方被批评时紧张的情绪，启发被批评者思考，从而增进相互间的感情交流。这样的批评方法，不但能达到教育对方的目的，同时也创造出轻松愉快的气氛。

※ 渐进批评

1949 年 9 月，陈毅作为上海市市长到北京参加政协会议，由于住房紧张，他主动从豪华的北京饭店搬出来，把房子让给傅作义将军，自己住进了陈旧的小平房。他还代表上海市赠给傅作义两辆名牌小汽车。这在部队里引起很多议论，说："像这样大的战犯不杀就便宜他了，凭什么又腾房子，又送汽车？"陈毅听到后，在一次会议上批评这些有意见的同志说：

"同志们，我的老兄老弟们，要我陈毅怎么讲你们才懂啊！我陈毅不住北京饭店，照样上班，照样骂人！他可不一样了！你们知道不知道，傅先生到电台讲了半小时话，长沙那边就起义两个军！为我军减少了很大伤亡！让傅先生住了北京饭店，有了小汽车，他就会感觉到共产党是真心交朋友的。"

他越说越冒火，用手敲着桌子说：

"我把北京饭店让给你住，再送你十辆小汽车，你能起义两个军？怎么不吭声呢？"

他的火气出完了，又心平气和地说：

"我们是共产党员嘛，要有太平洋那样的胸怀和气量呐，不要一副周瑜的小肚肠！依我看，你想把中国的事情办好，还是那句老话，团结的朋友越多越有希望！"

在这段批评中，陈毅先是摆出事实，让战士们了解傅作义将军所做的贡献，然后表明自己的态度与观点，接下来细讲道理，对这样的渐进式批评，大家听后，不但没有怒气，反倒觉得一身轻松。

渐进式批评就是逐渐输出批评信息，有层次地进行批评。这样可以使被批评者对批评逐渐适应，逐步接受，不至于一下子"谈崩"，或因受批评而背上沉重的思想包袱。

※　自我批评

一个孩子不爱学习，老是逃课，老师告上门来，恨铁不成钢的母亲操起笤帚要打孩子。旁边的父亲一边阻止妻子，一边对孩子说："小时候，我和你一样顽皮，就知道玩，不懂得学习的重要性。后来才体会到，不好好学习，长大以后要付出多大的努力才能补回来，心里惭愧啊。现在是学习的最好时光，以后再后悔，代价就大了，你知道该怎么做了吗？"

作为长辈，这位父亲敢于把自己曾经的过错暴露在孩子面前，但他的目的又不在于做自我检讨，而在于以自己的感悟来教育孩子。这种借己说人的方法，让我们看到了融自我批评于批评中的魅力与力量。

※ 绵里藏针

有一次宴会上，一位肥胖得出奇的夫人坐在身材瘦小的萧伯纳旁边，带着娇媚的笑容问大作家："亲爱的大作家，你知道防止肥胖有什么办法吗？"萧伯纳郑重地对她说："有一个办法我是知道的，但是我怎么想也无法把这个词翻译给你听，因为'干活儿'这个词对你来说是外国语呀！"

萧伯纳这种含蓄委婉、柔中带刚的批评，比直接对夫人说她太懒惰效果好得多。这一招叫绵里藏针，这种方法一般采用间接的话语，声东击西，让被批评者自己有一个思考的余地。其特点是含蓄，不伤害被批评者的自尊心。

不宜说的话：

1. 单纯发脾气的话——因为批评不等于发脾气，后者往往只会把事情弄得更糟。

2. 一味挖苦侮辱的话——因为过分的伤害别人的自尊时，只会引起对方的抵触情绪。

3. 一棍子打死的话——因为有缺点的人也会有优点，而不能为了一时的批评而将对方的一切全盘否定。

4. 缺乏事实依据的批评——因为事实总是胜于雄辩，摆出事实才能让对方心服口服。

用话语助人走出悲伤的阴影

难度系数：★ ★ ★

难度何在：

1. 沉浸在悲伤中的人，很难听进别人的话，如何说话，才能让他愿意倾听，是难点之一。

2. 劝慰的话如果说得不好，反而会适得其反，让对方更加悲伤，如何说话才能避免这种结果，是难点之二。

※ 意识唤醒法

小吴从大学一年级开始谈恋爱，三年了，不久前不知何故女朋友跟他吹了。他很伤感，一蹶不振。他父亲的一位朋友李老师知道此事后，特地赶来做疏导工作。李老师一见面就说：

"我知道你失恋了，是来向你道贺的！"

小吴很生气，转身就走。李老师说：

"难道你不问问为什么吗？"小吴停下来，等着听李老师的下文。李老师说：

"大学生都希望自己快点儿成熟起来，失败能使人的心理、思想进一步成熟起来，这不值得道贺吗？大学生的恋爱大多数只能属于非婚姻型，一是大学生在学习期间不允许结婚，二是很难预料大家将来能否在一起工作。这种恋爱的时间又很长，随着知识的积累，人慢慢成熟了，就有可能重新考虑对方，恋爱变局也就悄悄发生了。应该说，这是大学生心理成熟的一种重要标志，你这么放任自己的感情，是心理成熟还是不成熟的表现呢？另外，越到高年级，大学生越倾向于用理智处理爱情。这时，感情是否相投，性格是否和谐，理想和追求是否一致，学习和工作是否互助互补，都会成为择偶的标准，甚至双方家庭有时也会成为重点考虑的条件，这就是择偶标准的多元化，这种标准多元化更是大学生心理逐渐成熟的表现，也符合普遍规律。你女朋友和你分手是不是出于择偶条件的全面考虑？你就没有全面考虑你的女朋友吗？如何处理你这种感情的失落，你该心中有数了吧？"

李老师先设置悬念——"祝贺你失恋"，把悲伤得麻木的小吴从感情的泥沼中"唤"了出来，然后通过合情合理的分析，唤醒他的理智，多次用"大学生失恋不一定是坏事，而是心理成熟的标志"的观点来加以点拨。李老师就是一步步唤醒小吴的年龄意识，使他意识到是该用理智来处理感情问题的时候了，从而约束自己的感情，恢复心理平衡。

人有时陷入悲伤，是因为自我意识没有被唤醒。人的自我意识有很多种，比如年龄意识、性别意识、社会角色意识等。拿年龄意识来说，一般情况下，人到了某个年龄阶段就该出现某种心理特征，但有的人却迟迟不出现，这时，只要你点拨他一下，他就会醒悟，从而会发生心理上的飞跃。正确的自我意识一旦被唤醒，人也就会从悲伤中振奋起来。

※ 积极暗示法

老雷的一个朋友，因黄疸型肝炎住院了一段时间，可总以为自己的病没有好转，而产生了悲观情绪，丧失了治疗信心。这天老雷去医院探视他，一见面就做出一副欣喜状，对朋友说：

"老兄，你的脸色比以前好多了嘛！听医生说，你的黄疸指数已有所下降，这说明你的病情在好转啊！"

老雷的话客观实在，使朋友的精神倏然振作，于是，他乐观地接受治疗，加快了康复进程，不久便病愈出院了。

人生病的时候，总会不由自主地心烦意乱，甚至悲观郁闷，有些人往往会因为自己的疾病好转缓慢而灰心。这时，作为一个探视者，你如果想给他们带来好心情的话，就应该抓住他们在治疗过程中出现的某些症状缓解的依据，适时予以积极的暗示，这样有助于消除他们的悲观心理，使其鼓起希望的风帆，积极配合治疗。

※ 回忆唤起法

一个夏日的傍晚，一位少妇投河自尽，被正在河中划船的老船夫救起。老船夫关切地问道：

"你年纪轻轻，为什么要寻短见呢？"

少妇哭得凄凄惨惨，说：

"我才结婚一年，丈夫就抛弃了我，活着还有什么意思呢？"

"那我问问你，你一年以前是怎么过的呢？"老船夫问道。

少妇回忆起自己一年前的美好时光，她眼前一亮：

"那时我自由自在，无忧无虑，对生活充满了希望。"

"那时你有丈夫吗?"老船夫又问。

"当然没有啦。"少妇答道。

老船夫说："那么你不过是被命运之船送回到一年前，现在你又自由自在，无忧无虑了，你什么也没损失啊。"

少妇想了想，说："这还真是的，我怎么会和自己开了这么大一个玩笑呢!"说完，谢过了老船夫，充满希望地走了。

人在悲伤的时候，总会认为未来的生活毫无希望，从而失去对生活的兴趣，如果你能让他回忆起过去的美好生活，让他明白生活中还是有很多让人快乐的事情，就能重新点燃他对生活的希望之火。

锦囊妙语:

1. 当你的朋友被她负心的男友抛弃了时——"分手总是令人难过的，但我永远都会站在你这一边，支持你。"

2. 朋友的某位亲人不幸去世——"我很难过。我能帮上你什么忙吗?"

3. 朋友突然失去了工作——"我很吃惊也很难过。但我知道，一定还有更好的工作在等着你，咱们一起来好好想一想。"

4. 朋友的宠物死了——"我知道后很难过，那真是一只难得的好猫，你养它多久了?"

赞美的话如何说才不像拍马屁

难度系数：★ ★ ★

难度何在：

1. 每个人都喜欢听赞美的话，被赞美时，心情会自然地轻松起来。如果说得好，会有利于双方的下一步交流。可如果说得不好，则会适得其反。如何区分开说得好与说得不好，是难点之一。

2. 恰到好处地赞美与违心地拍马屁，往往只有一步之遥，如何让你的赞美话在别人听来不是令人反感的拍马屁，这是难点之二。

※ 严肃场合，用赞美缓解气氛

1971 年 7 月 29 日，基辛格率代表团秘密访华，进行打破中美中断 20 年外交僵局的谈判。来华前，尼克松总统曾不止一次为他们设想这次会谈的情形，以为中方会大拍桌子叫喊打倒美帝国主义，勒令他们退出台湾，滚出东南亚。为此，基辛格一行非常紧张。

但事实出乎他们的意料。周恩来总理在钓鱼台国宾馆亲切会见了他们。周总理微笑着握着基辛格的手，友好地说：

"这是中美两国高级官员二十几年来第一次握手。"

当基辛格把随行人员一一介绍给周总理时，他的话更出乎他们的意料，他握着霍尔德里奇的手说：

"我知道，你会讲北京话，还会讲广东话。广东话我都讲不好。你是在香港学的吧！"

又对斯迈泽说：

"我读过你在《外交季刊》上发表的关于日本的论文，写得非常好，希望你也写一篇关于中国的。"

最后他握着洛德的手，说：

"小伙子，好年轻，我们该是半个亲戚，我知道你的妻子是中国人，在写小说。我愿意读她的书，欢迎她到中国来访问。"

一席赞美的话下来，基辛格一行的紧张心理已经被赶到九霄云外了，剩下的只有对中国领导人的刮目相看和油然而生的敬意。周总理简短的欢迎词里蕴含了高超的赞美技巧。他认识到基辛格一行的紧张，在严肃的外交场合，他有意地淡化了政治角色，而是抓住细微之处，像在跟对方拉家常似的，分别对其语言才能、论文水平、家庭成员进行了巧妙的赞美，既亲切又得体。

对别人的赞美需要真诚，而真诚离不开真实，需要恰如其分地赞美对方，必须符合事实。尤其是在一些细微的地方，赞美的话，更加需要对对方的工作、生活资料做一个大致的了解，以便准确地提出他们没能料想到你会提及的细微之处。在一些严肃紧张的场合下，利用细小的刺激来影响特定情形下的心理，往往能收到"润物细无声"的效果。

※ 危险场合，用赞美牵住对方"牛鼻子"

几个不三不四的小混混拦住了一个漂亮的女孩，带头的一个伸手摘掉了女孩的帽子，显然不怀好意。在这紧要关头，女孩没有破口大骂，也没有惊慌失措，而是冷静地说：

"我的帽子很漂亮，是吗？"

"当然，它和你这个人一样，真美！"带头的戏弄道。

这时女孩显得更加大方、有礼，说：

"你一定是想仔细看看，好给你女朋友买一顶吧？她戴上一定也很漂亮。我一看，就知道你绝不是那种随意戏弄人的人。"

"当然是这样。"男青年被女孩的气度和语言征服了，说着已经有点儿脸红了。

这时女孩又调侃地说：

"请你不要买了。"

"为什么？"

"别人会给摘去的。"

这时，男青年才意识到应该物归原主了，于是把帽子还给女孩，和同伴们迅速说了声"再见"便离去了。

女孩的机智及时地把自己从危险境地解脱出来。她的一番话中，真正让对方镇住的是那一句赞美"一看，就知道你不是随意戏弄人的人"，这句话牵住了对方的"牛鼻子"，迫使男青年只能回答"是"，然后就不敢、也不好意思继续无理取闹了。

生活中，并不是只有"大人物"才需要被恭维的，平凡老百姓的"小人物"们，尤其是那些表面上看去言行不太正派的人，其实也需要被肯定和尊重。当他们冒犯你的时候，如果能抓住他们的心理特点，巧言地赞美他们，往往会让他们不再好意思纠缠你了。

※ 别人处在赞美包围中时，让你的赞美与众不同

小张是学校里出了名的"歌星"，每次晚会或其他娱乐活动都少不了他的歌声。

在一次元旦晚会上，他又成功地演唱了一首歌，表演完后，台下一片喝彩声。回到观众席，大家对他的歌声都赞不绝口。这时一个师弟对他说：

"师兄，你的舞也和你的歌一样棒啊！刚才看你在台上的舞姿，觉得你跳舞肯定也很厉害！"

听惯了别人称赞自己会唱歌的小张，头一回听人如此关注并称赞他的舞蹈，自然非常开心，就故作谦虚地说自己不太会跳舞，长项还是唱歌。这时，师弟马上接上他的话：

"对呀，师兄的歌喉真是没的说。有空教教我吧。"小张在愉快的心情中欣然应允。

当一个人处在众口一词的赞美中时，往往不再把这种同一内容的赞美当回事，这时，如果你能找到别人都忽视了的优点来赞美，就必然能引起这个人的注意。因为人总是希望别人能尽可能多地发现自己的优点。

※ 赞美和鼓励，双管齐下

美国当代著名诗人惠特曼的诗作《草叶集》问世后很长时间都默默无闻、无人关注。这几乎让他万念俱灰。但这时他收到了一封信：

"亲爱的先生，你所馈赠的大作《草叶集》，我十分看重。深以为这是美国有史以来智慧与机巧的极致。对你在诗坛上的良好开端，我表示由衷的敬意。

——这是 R·W·爱默生写来的"

这封及时的赞美信给了惠特曼极大的动力。因为这短短几句话，恰到好处地将鼓励融入了赞美之中。面对一些心情暗淡的人，单纯的教育和鼓励，难以见效，我们不妨在鼓励的同时，发掘出他的优点并对之进行赞美。只有真正恢复了自信的人，才会振作起来。

名人名言：

1. "一句美好的赞美的话，能使我不吃不喝活上两个月。"

——马克·吐温（作家）

2. "一滴甜蜜糖比一斤苦汁能拥获到更多的苍蝇。"

——林肯（总统）

怎样赞美不漂亮的女性

难度系数：★★

难度何在：

1．都说最让女人开心的赞美是对她的容貌的夸奖，可如果面对一个并不漂亮的女性，如何发掘并赞美她的美，是难点之一。

2．都说"女人心，海底针"，女人的敏感和细腻，有时令人难以捉摸，所以赞美不漂亮的女人时，什么样的话，才不会让她觉得你在说假话甚至在讽刺她，是难点之二。

※ 赞美她的某一个部位

有些女性整体看上去说不上漂亮，但某一个部位却长得非常好。这时，我们可以撇开整体，赞美局部，同样能让她开心。当然，这种夸人的技巧，用得不好，就容易走向反面。比如让她觉得你不是在赞美她，而是替她遗憾为什么只是局部漂亮，因为女人总是敏感的。所以，在夸奖她的某一个部位时，最好能三思而后"夸"，能事前了解她的性格或者心情。

比如：

对一个眼睛长得漂亮的女性说："你的眼睛很有神，让人感觉你是一个有灵气的人。"

对一个鼻子长得高挺的女性说："很少有女孩子的鼻子能长得这么帅气，真是让人羡慕。"

对一个皮肤生得白皙的女性说："你的脸上一点儿痘痘都不生，怎么晒也不黑，这样的皮肤真是再昂贵的护肤品也换不来的。"

※ 赞美她的气质

对于相貌平平的女性，我们就有必要从她的修养上找话题。一个拥有良好修养的女性，虽然不会在外表上打动我们，但是随着时间的推移，她的魅力就会越来越大。这种女性的吸引力是内在的，它可以持久地征服人心。这正好为我们去赞美她提供了方便之门。

比如：

对一个爱说话的女性说："你是我们这里最有活力的人，总是把快乐带给大家。"

对一个不爱说话的女性说："你是我们这里最文静的人，总能让人在忙乱中保持一份宁静的心情。"

对一个不化妆的女性说："'清水出芙蓉'，不化妆的女孩最真实最美丽。"

对一个爱化妆的女性说："会化妆就是不一样，你看你，更加美了。"

※ 赞美她的为人处事

在为人处事方面，女性有很多与男性不同的特点，这些特点往往又是优点。只要我们善于观察，就会发现，每个女人在其性格上都有她的可爱之处。

比如：

对一个不爱哭的女性说："你是不轻易掉眼泪的人，一定非常坚强，不像一般的女孩子那么软弱。"

对一个爱哭的女性说："你多愁善感，一定是一个温柔善良的女孩。"

对一个大大咧咧的女性说："你不计较得失，不拘小节，难怪大家都说与你相处很容易。"

对一个谨慎小心的女性说："你办事认真细腻，谈吐中肯到位，是一个很有分寸的人。"

对一个爱干净的女性说："你真是女人味儿十足，将来一定是个很棒的家庭主妇。"

对一个谦虚、不爱做出头鸟的女性说："我真佩服你的沉稳，别看你这么年轻，为人处事倒是很成熟。"

※ 赞美她的能力

现代社会，女性的参与意识越来越强。而且有调查表明，越是长相一般的女性，在这方面的要求越是强烈。有很多女性，尽管长相一般，但她的能力却让她魅力十足，丝毫不亚于那些漂亮的女性。对她们，我们要看准能力或者事业心，再有针对性地进行夸奖，就能让她们开心。

比如：

对一个会烹饪的女性说："你工作干得那么好，想不到，厨艺也很棒，真是全才。今后，谁和你生活在一起，算谁有福气！"

对一个热爱学术的女性说："你的文章，逻辑严密、观点新颖、文笔流畅、一气呵成，读着不晦涩又大受启发。有机会的话，请多多指教！"

对一个外语流利的女性说："学语言需要天赋，我看你就有这种天赋。英语说得这么溜，听你说话，就像听地道的美国人在说话。"

对一个刚刚向上司提过意见的女性说："我很欣赏你的勇气，说出了我们大家心里想说却不敢说的话。"

对一个学历不高的女性说："现在，学历不等于能力。你的能干与那些只会读书的高学历的人比起来，一点儿也不差。"

名人名言：

"几乎所有女人，都是很质朴的，但对仪态妖媚，她们是至深癖爱、孜孜以求的。这是她们最大的虚荣，并且常常希望别人赞美这一点。但是对那些有沉鱼落雁、闭月羞花之貌的倾国倾城的绝代佳人，那就要避免对她的容貌的过分赞誉，因为她对于这一点已有绝对的自信。如果，你转而去称赞她的智慧、仁慈，如果她的智力恰巧不及他人，那么你的称赞，一定会让她芳心大悦，春风满面的。"

——吉斯菲尔（心理学家）

巧设"圈套"说服人

难度系数：★★★

难度何在：

1．要让被说服者放弃他原有的观点，这是难点之一，如果对方是一个生性固执的人，就是难上加难。

2．还要让对方顺从你的建议，就需巧妙地设下说话的"圈套"，是难点之二。

※ 限定选择 逼人就范

小徐是一个孝顺的女孩。有一段时间，小徐的父亲生病了，食欲不振，看上去脸色也不大好。小徐非常担心，几次要带父亲上医院瞧瞧，可是老人非常固执，说什么都不愿意去，说是害怕没病给瞧出病来。这可把孝顺的小徐急坏了，怎样才能劝服父亲呢？

一天，吃完早饭，小徐冷不丁地劈头问老人：

"爸爸，我今天不上班，准备带您去查查身体。您说是去人民医院好还是去公利医院好呢？"

没等父亲回答，小徐又紧接着补充道：

"都说公利医院环境好，设施先进，门诊上又都是老大夫，对老人的态度很和气。您老人家决定，咱们去哪家医院呢？"

"这么说，咱们就去公利医院吧。"讳疾忌医的老人，竟不知不觉地顺从了女儿的建议，做出了去医院就诊的决定。

这里，小徐所用的就是"限定选择，逼人就范"的劝服技巧。当对方对于你所希望他去做的事，难以定夺是做还是不做，而处于犹豫不决的心态时，这一招往往能立即见效。你需要做的是将"要不要做"这个较难抉择的问题搁一边，而直接通过发问让对方考虑"这件事该怎么做"，并给对方提供几个具体的方案让其选择。这种技巧的奥妙在于转移了对方的注意力，使之产生错觉，以为"要不要做"的问题已不存在，要解决的只是"怎样去做"的问题了。一旦他选择了你所提供的方案中的一个，你的目的不就达到了吗？

※ 给对方台阶下

一位顾客在商场买了一件外衣之后，要求退货。衣服她已经穿过一次并且洗过，可她坚持说"绝对没穿过"，要求退货。

售货员检查了外衣，发现有明显的干洗过的痕迹。但是，直截了当地向顾客说明这一点，顾客是绝不会轻易承认的，因为她已经说过"绝对没穿过"，而且精心地伪装过。于是，售货员说：

"我很想知道是否你们家的某位把这件衣服错送到干洗店去过。我记得不久前我也发生过一件同样的事情。我把一件刚买的衣服和其他衣服堆在一块，结果我丈夫没注意，把这件新衣服和一堆脏衣服一股脑儿塞进了洗衣机。我觉得可能你也会遇到这种事情，因为这件衣服的确看得出已经被洗过的痕迹。不信的话，可以跟其他衣服比一比。"

顾客看了看证据，知道无可辩驳，而售货员又为她的错误准备了借口，给了她一个台阶下。于是，她顺水推舟，乖乖地收起衣服走了。

售货员如果直白地揭穿顾客的"伎俩"，再强硬地驳回对方的要求，换来的只会是一场争吵。现实生活中，人们普遍存在着吃软不吃硬的心态。特别是性格刚烈的人，如果你说话"硬"的话，哪怕就是他错了，他也可能比你更硬；你如果来"软"的，对方倒会于心不忍，尤其你的软言软语又为他的错误找好了借口时，他就很会容易地顺从你的要求。

※ 给对方提供更好的选择

小王的女朋友被上司欺侮了，小王出离愤怒，买了一把锋利的弹簧刀，来到好友小李的家里，要求小李跟他一块去教训那上司。小李心里很明白，那上司固然应该好好教训一番，但如果这样冲动行事，是会触犯法律的。可是，面对怒气冲冲的小王，怎样才能说服他呢？小李问了句：

"你爱你的女朋友吗？"

"爱，当然爱！不然我就不会这么恨那上司了。"小王回答说。

"那你就不能这样害她！"

"我怎么害她了？我要为她报仇！"

"那就好，爱一个人不容易，真正爱上一个人，不管她遇到多大的不幸，都不会动摇爱的决心的，相反，还会不遗余力地帮助她从不幸中解脱出来。可是，如果你感情用事，就不是在帮她而是在害她。你犯法了，要受到惩罚的，你让她怎么办？刚受了欺侮又要看到你被追究，谁去陪她？她会恨你的。坏人总会受到惩处，这要靠法律。她上司的行为是犯法的。这样吧，我帮你还有你女朋友，我们三个人一起用法律的手段去惩处他吧。"

听了小李的一番话，小王打消了用暴力报仇的念头，听从了小李的意见，最后用法律惩处了那位上司。

生活中，很多人之所以会做不理智的决定，是因为他们正处于非正常状态的冲动中，说服他们的技巧就在于通过讲道理，分析其中的利弊，为他们提供更好的选择，慢慢把理智还给他们，让他们自己放弃不理智的选择。

※ 用幽默的话轻松说服

1946 年 5 月，远东国际军事法庭审判以东条英机为首的 28 名甲级战犯。中俄法官理应安排在庭长左边的第二把交椅，可由于当时中国国力不强，而被各强权国所否定。在这种情况下，唯一出庭的中国法官梅汝璈，面对列强展开了一场机智的舌战。首先，他从正面阐述了排座次应按日本投降时各受降国的签字顺序排列，这是唯一正确的原则立场。

接着他微微一笑说：

"当然，如果各位不赞成这个办法，我们不妨找个体重计来，然后依体重排座，体重者居中，体轻者居旁。"

各国法官全都忍俊不禁。庭长笑着说：

"你这个建议很好，但它只适用于拳击比赛。"

梅法官接着说：

"若不以受降国签字顺序排座，就依体重排座。这样纵使我被排在末位也心安理得，可以对我的国家有所交代，一旦他们认为我不该坐在角落边上，可以另派一名比我胖的人来换我呀。"

这回答引得法官们哈哈大笑起来，刚才还剑拔弩张的气氛缓和下来，在平和的气氛中大家接受了梅法官的建议。

梅汝璈正是用一个不可思议的笑话，嘲讽了帝国主义依恃强权，践踏国际公理的心态，达到了轻松说服别人，以争取自己合法权益的目的。这样说的效果比一本正经地据理力争要好得多。

※ 激将法

某战士入伍后，工作积极主动，学习勤奋，并且有一定的组织能力，被提升为班长。但是小伙子因此产生了骄傲自满的情绪，处处以佼佼者自居；另一方面又看到连队中很多老班长、老战士都没入党，于是想到不知何时能安排到自己头上，因此又产生了悲观、松懈心理，使当初搞得有声有色的班内工作明显下降。辅导员想劝劝他，于是找他谈话，问他：

"实践证明，你是个好战士，但不是个好班长。或者说，你的能力还不能胜任班长工作。你自己怎么看呢？"

小伙子的自尊心受到了刺激，觉得被人瞧不起了，于是当即表示：

"我相信，我有能力带好一个班。两个月内不改变现状，我情愿辞去班长职务，请首长考验!"

从此，这个战士丢掉了私心杂念，一心一意努力工作，使班里的工作重新有声有色。

辅导员用的技巧就是激将法。这种方法就是利用人的自尊心强的特点，将自信、自尊之心强烈地刺激起来，诱导其努力保护自己的尊严。激将法用在那些上进心和自尊心强的人身上，比较有效。

说话技巧：

1. 在你的话中投入感情——在说服人的时候，首先要创造一种平和、温暖或是热情、诚恳的气氛。

2. 心理换位——你要站在对方的位置上说话，才能更容易被接受。

3. 刺激对方的兴奋点——把你要说的事情和对方最关心或者最有兴趣的事情联系起来，调动对方的兴奋点，才能取得更好的说服效果。

求人，化请求的话于无形中

难度系数：★★★

难度解读：

1．既然是求人，无形中便处于相对卑微的位置，心理压力自然会有，如何说话，才能显得自己不过于卑微，这是难点之一。

2．求人办事，对方也会有一定心理压力，万一不成还容易伤害感情，如何说出求人的话并让对方在轻松中答应你，是难点之二。

3．直白的请求不是难题，在无形中说出求人的话，让对方感觉不到你是在"求"他，这才是真正的难题。

※ 以退为进法

放暑假时，为了让孤儿们得到社会的关注，过一个愉快的假期，某高校决定组织青年志愿者向本市一所孤儿院献爱心。

负责老师向所有志愿者郑重提出："希望每位成员能带一名孤儿到自己家中共同生活一个暑假，让他们得到家庭的温暖。"把好不容易盼来的假期全部花在照料孤儿身上，这的确有些勉为其难，当时就遭到了大家无声的拒绝。

短暂的冷场后，负责老师微微一笑，说："我知道这样可能使大家为难了。这样吧，我尊重大家的选择，把原计划改为每周抽出一天时间来陪孩子一起逛逛公园、做做游戏什么的，这样总可以了吧？"这一提议获得大家一致通过。

其实，这只不过是负责老师说话的一个策略而已。他的真实用意实际上就是希望志愿者每周能抽出一天时间陪陪孤儿，只不过他明白，在暑假里，即使这样一个请求，实践起来也是有一定难度的。于是在提出这样一个请求前，他干脆提出了一个更大的请求——让他们用整个暑假照料孤儿，这一请求不出所料地遭到大家的拒绝。只不过，在已经被拒绝一次的情况下，再提出一个较小的请求，大家也就不好意思再拒绝了。而且两次请求相权衡，大家自然会选择后者。这样，看似退让，但无形中本来很难达到的目的就实现了。

※ 激将法

某所大学为建造一所物理实验大楼，要募捐 100 万元。为此，精明的校长想出了一个绝妙的路子。

在一个适当的时机，校长造访了一位曾在这所大学就读过的大亨，校长说："在考虑募捐这件事时，学校管委会首先想到了您会热情支持。不过，您的老朋友，也就是您在这所学校读书时的同学××先生，也非常渴望能为学校做点儿贡献……"校长还没回到学校，一份 100 万的捐款已经划到了这所学校的账户上。

那个××先生是这位大亨的老同学，但非好朋友，他们两个人曾经为了生意上的事儿发生过矛盾，至今，这位大亨还在生他的闷气。精明的校长当然了解这层关系，他是装作糊涂，将了大亨一军，使得大亨慷慨解囊。为了不让那个××先生横插一杠，这位大亨"抢"着捐了款。

这一招叫激将法，就是利用一定语言技巧，刺激对方，激发对方的某种情感，使对方的情绪波动或心态变化朝着你所期望的目标发展。在争强好胜的人面前，这一招往往能出奇效。在某个人目前，言及他的"对手"或"仇人"如何如何，提到这个人以前做过什么难堪事，表述他的家人、亲人如何不好，亦能有效刺激对方。这种激将法用得恰当，能使求人者不知不觉地达到目的。

※ 轻松幽默法

一个年轻打工者在一家外资企业打工，在较短的时间内，连续两次提出合理化建议，使生产成本分别降下 30% 和 20%。洋老板非常高兴，对他说："小伙子，好好干，我不会亏待你的。"

这青年当然知道这句话可能意义重大，也可能一文不值。他想要点儿实在的，便轻松一笑，说：

"我想你会把这句话放到我的薪水袋里的。"

洋老板哈哈一笑，随即爽快答应：

"会的，一定会的！"不久这个青年便获得了一个大红包和加薪奖励。

面对老板的鼓励，青年人如果不是这样俏皮，而是坐下来认真严肃地提出加薪要求，并摆出理由若干条，岂不大煞风景，甚至可能适得其反。

轻松幽默的话，往往能引起感情上的愉悦，而一本正经的话则往往使人紧张。只要有可能，最好能把严肃的请求用轻松幽默的方式表达出来，对方可能更容易接受。

※ 满足需要法

19世纪，在维也纳上层社会的妇女中，时兴一种高筒、宽檐的帽子，帽檐上装饰着五颜六色的羽翎。当这些女士进入剧场时，坐在她们后面的观众就只能看到她们的帽子而看不见舞台，于是就向剧场经理提出抗议。

剧场经理起初只是一味地请求女士们脱帽，但女士们对此毫不理睬。后来，经理眉头一皱，计上心来，只听他对女士们说："本剧场照顾年老的女士，只有她们可以不必脱帽。"此言一出，剧场中所有的女士都摘下了帽子。

剧场经理在这里运用的求人法就是满足需要法。现代心理学指出，人的行为的驱动力是动机，而动机的基础是需要。所以，只有从满足人的某种需要入手，激起相应的动机，才能使人做出所需求的行为。上面这个故事中，维也纳上层妇女都有希望自己年轻貌美的心理需求，因而讨厌别人把她们看作老妇。剧场经理正是针对这一心理特点故意说："只有年老的妇女可以不脱帽"，这从反面激起了这些妇女维护自己年轻的心理需求。

所以，在求人时，只要准确了解了人们的心理需求，并采用适当的方式予以激发和满足，就能使对方做出你所预期的行为。

不宜说的话：

1. 不中听的话，容易让人生厌——比如"这么点儿事儿求你，都不成？"

2. 沮丧的话，容易给人压抑感——比如"唉，我怎么这么倒霉，总是不顺！"

3. 过于贬低自己的话，容易让人觉得你畏缩——比如"我干啥都不行，这不又得来求你。"

4. 模棱两可的话，让人觉得你求他的事不是必需——比如"你看着办吧，不成也无所谓。"

5. 强硬的话，容易让人觉得你在命令而非请求——比如"这事你必须帮我办！"

求人的话，如何引起感情共鸣

难度系数：★ ★ ★

难度何在：

1. 求人的话，最佳效果莫过于让对方觉得答应你的请求是一种感情的必需，这以能引起对方的感情共鸣为前提，怎样说话才能让他急你之所急，是求人的重点也是难点。

2. 求人的话，既要自己感情真切，又不能让对方觉得你在无病呻吟或者死缠烂打，说话时如何把握好感情的度又是一个难点。

※ 站在多数人的立场说话

提起《焦点访谈》，就不能不提朱镕基曾经为它题过的十六个字——舆论监督，群众喉舌，政府镜鉴，改革尖兵。殊不知，这让《焦点访谈》为之自豪的十六个字背后还有一段关于敬一丹求人技巧的佳话。

在朱镕基视察中央电视台的前一天，台里有关领导告诉敬一丹："明天，总理来视察的时候，你要想办法得到朱总理的题词。"敬一丹听了既感到欣喜，又多少感到有些为难。

第二天，朱总理在时任中宣部部长丁关根的陪同下，来到中央电视台。他走进《焦点访谈》节目组演播室，在场所有的人都起立鼓掌，气氛一下子热烈起来。朱总理跟大家相互问好之后，坐到主持人常坐的位置，大家簇拥在他的周围，融洽地与总理交谈起来。一位编导说："在有魅力的人身上，总有一个场，以前我听别人这么说过。今天，我在您身上就看到了这样一个场。"朱总理不置可否地笑了。演播室里的气氛更加活跃、和谐。

　　敬一丹感觉这是一个好时机，一个很短暂的、稍纵即逝的时机。于是走到朱总理面前说："总理，今天演播室里聚集在您身边的这二十几个人只是《焦点访谈》节目组的十分之一。"总理听了这话，说："你们这么多人啊！"敬一丹接着说："是的，他们大多数都在外地为采访而奔波，非常辛苦。他们也非常想到这里来，想跟您有一个直接的交流。但他们以工作为重，今天没能到这里来。您能不能给他们留句话？"

　　敬一丹说得非常诚恳，而且非常婉转，然后把纸和笔恭恭敬敬地递到朱总理面前。总理看了一下敬一丹，笑了，接过纸和笔，欣然命笔，写下了后来举国皆知的十六个字——舆论监督，群众喉舌，政府镜鉴，改革尖兵。总理写完，全场响起一片掌声……

　　得到总理的题词，当然离不开总理对《焦点访谈》节目的重视和肯定，但无疑，敬一丹一席巧妙的话语也起了非常关键的作用。认真分析一下，我们可以得到不少启发：第一，这个请求不是站在敬一丹个人的角度，而是从其他在外奔波的更多的记者们的角度提出，所以她可以大胆地说出来，即使总理拒绝这一请求，自己也不会觉得特别尴尬；第二，敬一丹抓住了朱总理非常欣赏《焦点访谈》那些年轻记者们的工作热情的心理，为总理描绘出这样一幅场景：记者们四处奔波，长途跋涉，冒着危险采访。他们心中还有一个愿望，那就是特别希望与总理面对面地交谈，但为了《焦点访谈》这一事业，他们没有来。这一番富于感情色彩的话自然打动了总理的心，让总理产生了感情上的认同和共鸣，才欣然题词。

可见，在求人办事的时候，能跳出自己的狭小圈子，而从更多人的角度去说话，才能引起对方的共鸣，从而答应你的请求。

※ 站在对方的立场说话

王某准备借助于好友赵某的路子做生意，在他将一笔巨款交给赵某的第二天，赵某不幸身亡。王某立刻陷入了两难境地：若开口追款，太刺激赵某的家人；若不提此事，自己的局面又难以支撑。

帮忙料理完后事，王某对赵妻说了这样一番话："真没想到赵哥走得这么早，我们的合作才开始呢。这样吧，嫂子，赵哥的那些关系你也认识，你就出面把这笔生意继续做下去吧！需要我跑腿的时候尽管说，吃苦花力气的事我不怕。"

看他，丝毫没有追款的意思，还很豪气，其实他明知赵妻没有能力也没有心思干下去。话中又蕴含着巧妙的提醒：我只能跑腿花力气，却不熟那些门路；困难不小又时不我待。

结果呢？倒是赵妻反过来安慰他说："这次出事让你生意上受损失了，我也没法干下去了，你还是把钱拿回去再想别的路子吧。"

王某只字未提追款一事，相反还让对方先开了口。试想，如果他直接说出来会有多尴尬。他的巧妙之处在于说了一席站在对方立场考虑的话，将心比心，对方自然也能站在他的立场思考问题，不知不觉中就说出了求人者想说的话。在某些求人的场合，自己把话说出来双方都不好受，这时如果能站在对方的立场说话，诱导对方先开口，无疑是上上之策。

说话技巧：

1. 用虚话套实话——事事都说老实话，未必处处受欢迎，特别是有时自己都不清楚要说的是不是实话时，就应该用虚话套出对方的实话。

2. 借对方的口说自己的话——有些求人的话，自己说出来，未免双方都尴尬，如果能换位思考打动对方，巧言使对方也站在自己立场为自己说话，事情就水到渠成。

3. 改劝导为诱导——尤其是想请求别人参与自己的事业时，应首先引起对方的兴趣，给他一个强烈的刺激，使他对做这件事有发自内心的需求。

借别人的口，问自己的话

难度系数：★ ★ ★

难度何在：

有些问题不得不问，但又不好自己直接开口问，这时必须借口问，借谁的口，如何借，就是问题的难点所在。

※ 借亲朋好友的口来问

大数学家陈景润当年和爱人相互心生好感，又都说不出口。终于有一天，羞涩却绝顶聪明的陈先生给对方看了一封他父亲的来信。信中提道："我知道你和她恋爱很久了，你们什么时候结婚呢?"身边的"她"当然明白了，于是一对有情人终成眷属。

陈景润巧借父亲的口问出了自己心中的问题，这一招在日常生活中常常可以用到。比如，小王谈了几年恋爱，却不知道如何开口向性格内向的女友求婚。一天，机会来了，两人一起去参加朋友的婚礼，回来的路上，小王说："那个新娘真会说话，她问我们什么时候请他们喝喜酒。"没过多久女友变成了小王的新娘。过了几年，小王想要一个孩子，他又借用了岳母大人的话："你妈真是心急，整天盼着我们什么时候让她抱抱外孙呢！"这一回，他又"得逞"了。

借亲朋好友的口来问话，最好用于内容倾向比较好的话题，比如上面提到的结婚、生子。这样，于情于理都让对方比较容易接受。

※ 借上级的口来问

生活中有些乖张的人，只有上级才能镇得住。以自己的名义向他提要求，没准碰一鼻子灰，这时最好借上级的口来问。

比如，出于工作需要，你要去问张处长的工作进度。而他正好是一个欺软怕硬、专看上级脸色行事的人。你不妨这样问："张处长，刘局长让我来问问，你们处的工作报告写好了没有。"这样一问，迫使他不得不以认真的态度来回答问题，而你自己又不会被他压住了气势，因为你的身份已经转换为"传话者"而非"办事者"，纵使他心里不情愿，鉴于领导的压力，也不敢怎么样。

虽然借上级的口来问话，比如"组织上对这个问题很重视""某某领导一直很关心这个问题"等等，听上去官腔十足，但关键时刻，却是对付某些人的撒手锏。

※ 借不相关人的口来问

某公司总经理在外地与对方谈判了六天还没有结果，秘书小冯想知道谈判究竟进行得如何以及何时能返回，但又不好意思开口问。于是跟经理说："服务台小姐刚打来电话，说她们也有预订机票的服务，问我们是否需要。我们用不用现在回复？"总经理想了一下，回答道："问一问能不能订后天的票。"小冯于是做好了返程的准备。这里，小冯用的就是"借不相关的人口来问自己的话"的方法。

日常生活中，如果我们向媒体或医生咨询一些关于健康或者人际关系的问题又难于启齿时，可以说："我的朋友××病况如何，请问……""我的同事××请我代问一下……"其实，这些所谓的"朋友""同事"可以是根本就不存在的人。这种问话方式，在很大程度上能减轻人们的心理障碍，而使问题得以顺畅地表达出来。

※ 借"大家"的口来问

对那些工作比较繁忙的对象或对某些问题有解释能力却故意藏而不露的人，提问时可以借用含义比较广泛而又模糊的"大家"的口来问，如"大家都想了解一下……，您能不能给我们说一下？""大家让我来问问……"

一般人都会认为"大家"提的问题是重要的问题，尤其是对于矛盾比较大的问题，如果回答得好，则既可以使工作顺利地开展，同时还能在公众心目中树立良好的个人形象。所以，借用"大家"的口发问，往往会使对方对问题予以重视。

说话技巧：

1. 要根据不同的对象，借不同的口问话。这要以能为对方创造方便的回答条件或者给对方形成一定的威慑为原则。

2. 借口问的问题应该是那些自己不宜直接问的或者直接问了也不会有效果的问题，否则容易给人造成不够坦诚的印象。

圆场的话怎样说圆

难度系数：★ ★ ★ ★

难度何在：

1. 需要说圆场的话时，都是处于场"不圆"的状况下，或尴尬难堪或剑拔弩张，这时只有具备了高超的说话技巧，才能化解这种场面的气氛。

2. 如何说话，才显得你既不是在插科打诨，又不是在违心讨好，其中的度很难把握。

3. 这种场合，你多半是被夹在矛盾双方的中间，什么话才能让双方都满意从而缓解紧张情绪，这又是一个难以把握的度。

※ 化分歧为两面，让双方都满意

清末的陈树屏口才极好，善解纷争。他在江夏当知县时，张之洞在湖北任督抚，谭继询任抚军，张谭两人素来不和。一天，陈树屏宴请张之洞、谭继询等人。当座中谈到江面宽窄时，谭继询说江面宽是五里三分，张之洞却说江面宽是七里三分，双方争得面红耳赤，本来轻松的宴会气氛一下子变得异常尴尬。

陈树屏知道两位上司是借题发挥，故意争闹。为了不使宴会大煞风景，更为了不得罪两位上司，他说：

"江面水涨就宽到七里三分，而落潮时便是五里三分。张督抚是指涨潮而言，而谭抚军是指落潮而言，两位大人都说得对。"

陈树屏巧妙地将江宽分解为两种情况，一宽一窄，让张谭两人的观点在各自的方面都显得正确。张谭两人听了下属这么高明的圆场话，也不好意思争下去了。

有时候，争执双方的观点明显不一致，而且也不能"和稀泥"，这时，如果你能把双方的分歧点分解为事物的两个方面，让分歧在各自的方面都显得正确，这必定是一个上乘的调解办法。

※ 自嘲，融尴尬于幽默中

在一次盛大的招待宴会上，服务生倒酒时，不慎将酒洒到了坐在边上的一位宾客那光亮的秃头上。服务生吓得不知所措，在场人目瞪口呆，不知道下一步会发生什么。而那位宾客却微笑着说：

"老弟，你以为这种治疗方法会有效吗？"

会场的人闻声大笑，尴尬场面立刻打破了。借助自嘲，这位宾客不但解脱了服务生的尴尬，更重要的是维护了自我尊严，而且还展示了自己的大度和机智。

很多社交场合中，当你陷入尴尬境地时，借助自嘲往往能使你从中体面地脱身。自嘲，就是自己嘲讽自己。虽然说每个人都喜欢被人赞美而不喜欢被人嘲讽，但如果懂得自嘲的话，往往会收到妙趣横生、意味深长的效果，使人感到你的可爱和人情味儿，从而由衷地赞美你。

※ 善意谎言，制造轻松氛围

一次大学同学聚会，大家都好多年没有见面了，所以聚在一起有说有笑，气氛十分热烈。这时有个男士突然对一位女士说："当年可是你主动追求我的，还记得不？"这虽然不是一句非常得体的话，可在这样的场合下开开玩笑，也无伤大雅。谁知，这位女士心情不好，很是生气地回敬了他："神经病！谁会追你这样的人哪？也不看看自己是谁！"大家愣住了，场面顿时冷了下来，沉默让人难堪。

这时，小李站起来，搂着这位女士的肩膀，说："小妹，怎么还跟大学时的脾气一样啊？喜欢谁就说谁是神经病，越喜欢还骂得越起劲儿！对了，你不记得了，那时……"大家一阵嬉笑，又开始聊起大学时的往事，气氛重新活跃起来。至于当时这位女士是不是真的喜欢谁就说谁是神经病，也没有人去较真了。

在交际中，有些人不合时宜地开玩笑，撞在别人的枪口上，免不了尴尬。为了缓解这种局面，我们可以善意地撒点儿小谎，为对方的玩笑话添加特定的背景资料，从而将玩笑从有利于气氛缓和的角度去解释，最好加上一点儿幽默的调料或者结合当时的场景说话，为大家制造出轻松的氛围，从而将话题引开。

※ 故意曲解，替自己解围

美国前总统里根到加拿大访问，每到一处演讲，几乎都听到场外有示威的群众高喊反美口号。对此，陪同在一侧的加拿大总理特鲁多深感不安，里根却显得十分洒脱，笑着说：

"这种事情在美国时有发生，我想这些人是特意从美国赶到贵国来的。大概是想使我有一种宾至如归的感觉吧。"

一席话，说得特鲁多舒展了紧皱的眉头。里根作为一国总统出访他国，却受到该国国民的示威抗议，这是多么令人难堪的境遇！但是里根却机智地把这些人曲解为是从美国特地赶到加拿大的，不仅为自己解嘲，而且还安慰了深感不安的特鲁多总理，化解了让双方都难堪的场面。

可见，出现难堪场面的时候，利用曲解的办法可以化解尴尬。这种说话技巧，就是违背客观事实按照自己的意愿来解释生活中出现的事物或现象，这样，不仅能替自己解围，同时也能为当时和你处于同一场面的其他人解围。

※ 旁逸斜出，顺着对方的心意

有一个调皮的孩子，大年初一那天，一大早便出门找伙伴玩去了。玩到中午时分，才发现自己头上的新帽子不知什么时候丢了。于是胆战心惊地跑回家去，向母亲汇报了一下大体情况。要是在平时发生这种情况，母亲一定会大声斥责他，可当天是大年初一，不能骂孩子，于是就强忍着没有爆发。

这时隔壁的李叔来她家串门，感觉到了这位母亲的火气和孩子的害怕搅和在一起的异样的气氛，一打听，才知道事情的原委。于是笑着说："孩子的帽子丢了，这是好事啊，不正意味着孩子要'出头'了吗？今年你一定走好运，有好日子过了。"一席话，说得孩子的母亲转怒为喜，并附和着说："对，对。孩子从此出头了。"于是大家一阵哈哈大笑，家里又恢复了过年的祥和喜庆的气氛。

当双方因为其中一个做错了事，而情绪紧张时，把事情往好的方向解释，顺着对方的心意，往往就能化解紧张的气氛。

不宜说的话：

1. 过于认真的话——出现"不圆"的场面时，气氛就已经够紧张了，再说这样的话容易使气氛更严肃。

2. 煽风点火的话——如果场面因为某人的失言而尴尬，你再说这样的话无异于火上浇油。

3. 偏袒一方的话——双方正在争执之中，如果你明显地偏向一方，只会加剧矛盾。

遭受了冷遇，怎样表达不满

难度系数：★★★

难度何在：

1．与人交往中遭受了冷遇，心里难免不爽，如何不把这种情绪带到你的言语中，是难点之一。

2．遭受冷遇的原因各不相同，需要用不同的方式来表达，如何区分原因并说出适当的话，是难点之二。

※ 巧设"圈套"

一个小伙子到未婚妻家吃饭，接受未来岳父母的考验。未婚妻叮嘱道："我家有个规矩，客人不能自己去添饭，你可得记住啊。"小伙子答道："饭来伸手，何乐而不为？"

谁知到吃饭的时候，未婚妻和未来的丈母娘随便吃了一点儿就去干别的事了。而未来的岳丈大人三杯酒下肚，话匣子打开，谈得眉飞色舞，哪里还注意到这位准女婿的碗已空空如也。

小伙子见满桌子的美味佳肴，灵机一动，计上心来。他开口道："伯父，你们打不打算修房子呀？""修倒想修，就是眼下木料紧张。"

小伙子见上了道，便接着说："我一个朋友有批木料，还是柏木，最小的就只有这么大——"说着，他把碗一举。未来的岳丈大人这才发现这位准女婿的碗里是空的，赶紧叫道："老婆子，快添饭!"

小伙子又吃上饭了，便不再提木料的事。可是老头儿还挂念这事，继续问："你刚说的那批木料，他卖了吗?"

小伙子夹了一口菜，吃了一口饭答道："他先前没有饭吃，打算卖，现在实行了责任制，有饭吃了，他就不卖了。"

面嫩的后生初次去丈母娘家碰到这种情形，往往只有强忍饥饿，装成吃饱的样子放碗离席，礼数虽然到了，但却亏了自己。这个小伙子却聪明地设了"圈套"，把岳父的注意力吸引到自己的碗上来，从而既款待了自己的肚子，又没有损坏自己的形象。

与人交往时，主人冷待了你，或许是无心疏忽根本没有注意到，这时你只需巧施小计，让对方注意到即可。

※ 幽默化解

据说，钢琴家波齐一次在美国密歇根州的福林特城演奏。发现全场有一半座位空着，他很失望。演出完毕，他还是大步走向台前，向听众表示谢意，并对听众说："朋友们，我发现福林特这个城市的人都很富有，我看到你们每个人都买了两三个座位的票。"于是，这半屋子听众放声大笑，使劲鼓掌。

受了这个城市冷遇的波齐，用极其幽默的话语，反败为胜，摆脱了困境，赢得了听众的尊重。

在遭受冷遇的时候，当然不能自我贬损，这样只会更丢自己的脸面，这时采用幽默的技巧，总是能起到奇妙的效果。关键在于如何把幽默的话说得恰如其分。

※ 针锋相对

一天，纳斯列金穿着旧衣服去参加宴会。他走进门时，没有人理睬他，更没有人给他安排座位。于是，他回到家里，把最好的衣服穿起来，又来到宴会上。主人马上走过来迎接他，安排了一个好位子，为他摆了最好的菜。

纳斯列金把他的外套脱下来，放在餐桌上说："外衣，吃吧。"主人很奇怪，问："你干什么？"他答道："我在招待我的外衣吃东西。你们的这酒和菜，不是给衣服吃的吗？"主人的脸唰地红了。纳斯列金巧妙地把窘迫还给了冷落他的主人。

遇到冷遇的时候要做具体的分析，有些人是有意地给人冷落，在这种情况下，予以必要的回击，既是维护自尊的需要，也是批评对方错误的需要。当然，回击并不一定是直通通的对骂，也需要聪明和理智的回敬。

※ 因势利导

小吴师范院校刚毕业，分到一所小学，给全校出了名的"捣蛋班"上第一堂课。这个班全是男生，鬼点子特多，专爱变着法子为难老师。

小吴刚进教室，就觉得气氛不对，正想开始讲课时，忽然发现讲桌上放着一块木板，上面用粉笔写着"吴××老师之墓"。对血气方刚的青年来说，这无疑是一个奇耻大辱，再看台下，有几个学生正挤眉弄眼地嘲笑他。

他气愤极了，但他没有发作。而是一本正经地把"灵牌"放到了黑板前，然后缓缓地对学生说："让我们以极其沉痛的心情对吴××同志的不幸表示最衷心的哀悼。现在，我提议，全体起立默哀一分钟！"

以前有好几个老师面对类似情况，不是当场大发雷霆，便是夹起书本扭头就走。小吴的这一举动使同学们大吃一惊，个个面面相觑，不再挤眉弄眼。接下来，小吴又故作惊讶地问："吴××是谁呀？"听了这话，同学们都瞪大眼睛惶恐地望着他。他指指自己的鼻子说："吴××者，台上新任语文老师是也。他没想到你们这么敬重他，还给他立了'灵牌'，他在九泉之下得到消息很快就起死回生了，现在他就站在你们面前给你们道谢！"说完，还真的向全班同学鞠了一躬。这一下，同学们都开心地笑了，笑声里充满了敬意和歉意。

小吴第一天上课，便遭受了学生如此的冷遇，他没有大发脾气，而是煞有介事，顺藤摸瓜地用含蓄的语言自然而然地化解了自己的难堪，还赢得了学生们内心真正的佩服。这一招叫"因势利导"，即在遭受冷遇时，不马上驳斥或者埋怨对方，而是顺着对方的话或者对方设下的场景，慢慢地往对自己有利的方向发展。

不宜说的话：

1. 恶语相击的话——对方冷待你是他没有风度的表现，如果你采取恶言相击的话，就显得你同样没有风度。

2. 不合场合的话——遭受冷遇可能有不同的原因，这时需要用不同的话表达。如果对方是无心之过，你却针锋相对，效果只能适得其反。

谈判中如何说话才能达到目的

难度系数：★★★★

难度何在：

1. 谈判双方都有自己的利益追求，肯定不会轻易退让，往往经过唇枪舌剑才能达到目的，这种氛围本身就让人紧张。

2. 谈判需要据理力争，但又不能把它变成一场庸俗的吵架，如何说话才能恰到好处，是难点之一。

3. 谈判中容易出现僵局，这时如何说话才能将其打破，是难点之二。

※ 巧言卖乖

美国口才大王卡耐基每季度都要在纽约的某家大旅馆租用大礼堂20个晚上，用以讲授社交训练课程。

有一季度，卡耐基刚开始授课时，忽然接到通知，旅馆经理要求他付比原来多三倍的租金。而这个消息到来以前，入场券已经印好，而且早已发出去了，其他准备开课的事宜都已办妥。卡耐基准备去和经理谈判。

"我接到你们的通知时，有点儿震惊。"他说，"不过这不怪你。假如我处在你的地位，或许也会写出同样的通知。你是这家旅馆的经理，你的责任是让旅馆尽可能地多盈利。你不这么做的话，你的经理职位难得保住，也不应该保得住。假如你坚持要增加租金，那么让我们来核计一下，这样对你有利还是不利。"

"先讲有利的一面。大礼堂不出租给讲课的而是出租给办舞会、晚会的，那你可以获大利了。因为举行这类活动的时间不长，他们能一次付出很高的租金，比我这租金当然要多得多。租给我，显然你吃大亏了。"

"现在，来考虑一下不利的一面。首先，你增加我的租金，却是降低了收入。因为实际上等于你把我撵跑了。由于我付不起你所要的租金，我势必再找别的地方举办训练班。"

"还有一件对你不利的事实。这个训练班将吸引数以千计的有文化、受过教育的中上层管理人员到你的旅馆来听课，对你来说，这难道不是起了不花钱的广告作用吗？事实上，假如你花5000元钱在报纸上登广告，你也不可能邀请到这么多人亲自到你的旅馆来参观，可我的训练班给你邀请来了。这难道不合算吗？"

讲完后，卡耐基告辞了：

"请仔细考虑后再答复我。"

当然，最后经理让步了。

在卡耐基与经理谈判的过程中，他没有谈到一句关于他要什么的话，而是始终站在对方的角度想问题。

像这种把他人利益放在明处，将自己的实惠落在暗处的巧言卖乖术，不但会达到自己的目的，而且可以获得对方的人情，往往能促成成功的谈判。

※ 引蛇出洞

某大学生家里来客，父亲叫他去附近小店买一瓶茅台酒。等酒买回，才发现是假货。父亲准备去和店老板交涉退酒的事。

只见这位父亲将假酒揣于怀中，去了小店，让店主拿过一瓶茅台酒来。父亲持酒仔细审视，并自语道："唉，这年头假茅台太多了！"店主抢过话头儿："你放心，我这里绝对没有假货！"父亲仍叹道："哎呀，上次我在市中心一家店铺买了一瓶，店主还不是打包票说绝对不会假。谁知一打开来——才是一块钱半公斤的高粱酒！"店主道："你去找他呀！"父亲哭丧着脸说："已经过了好几天才开瓶发觉的，他还会认账吗？"店主惋惜道："你当时发觉就好了，他敢不认账！"父亲认真请教："要是当时发觉了，他还是不认账怎么办呢？"店主指教说："找工商局去呀！人赃俱获，他能不怕吗？"父亲见时机已到，向躲在一边的儿子招招手，而后从怀中摸出那假酒来："那好！请你看该怎么办吧？"店主一下傻了眼："对……对不起，对不起！我退款，我退款！"

如果这位父亲直接拿着酒指责店主并要求退货，恐怕只会无功而返。于是他聪明地使用了引蛇出洞的办法，引诱店主自己把话说了出来。所谓引蛇出洞，就是在谈判中自己已经掌握了足以制服对手的有力证据，但却因为时机不成熟或环境不适宜而不便抛出。为了能够抛出证据，必须采取一些措施，引诱对手进入自己所需的时机或环境之中，然后一举击溃。实施这种技法的关键，在于"引"。"引"要注意时机与环境。何时引，每一步引到什么程度，所引适不适合，都要考虑面临的机会和氛围；此外，还要注意巧妙与自然。引，既然是要对手的思路按照自己的愿望发展，这就要求引者不能自己先露出破绽，必须天衣无缝，一步一步地向预定目标靠拢。

※ 以缓攻急

美国一家大航空公司要在纽约建立航空站，想要求爱迪生电力公司以低价优惠供应电力，但遭到电力公司的拒绝，眼见成交无望，谈判陷入僵局。

航空公司的代表突然灵机一动，说：

"在跟贵公司谈判的过程中，我们核算了一下，认为还是自己建一座发电厂划得来。所以，我们不再需要依靠贵公司而决定自己建设发电厂。非常感谢贵公司给我们启迪！"

说着做出一副毅然离开的样子。电力公司的代表一听到这则消息，当然不能眼睁睁看着到嘴的肥肉被抢走了，于是立刻改变原来的谈判态度，主动请求公共服务委员会从中说情，表示给予这个新用户优待价格。航空公司的代表此时见水到渠成，便同电力公司达成协议。

这里，"以缓攻急"虽然起到了不可言的妙用，但这个方法需要一定条件作后盾。如果谈判一方心中没有十分的把握，而轻易使用此计，难免弄巧成拙。如果航空公司不了解电力公司的底细，不能确定电力公司是否希望得到这笔生意，而索性真的不进行谈判了，那么受损失的就很可能是航空公司了。所以，使用"以缓攻急"的谈判术，一定要事先掌握对方的情况和心理。确定了对方"急"，你再故作"缓"状，先退一步，按照你所掌握的对方的心理，对方会采取你料想的行动，你的退就等于进了一步，从而大功告成。

※ 一针见血

1901年美国石油大王洛克菲勒的第二代小约翰·戴·洛克菲勒，代表父亲与钢铁大王摩根谈判关于梅萨比矿区的买卖交易。摩根是一个傲慢专横，喜欢支配人的人，不愿意承认任何人与他享有平等地位。当看到年仅27岁的小洛克菲勒走进他的办公室时，他继续和一位同事谈话，直到有人通报介绍后，摩根才对年轻而长相虚弱的小洛克菲勒瞪着眼睛大声说：

"唔，你们要什么价钱！"

小洛克菲勒盯着老摩根，礼貌地答道：

"摩根先生，我看一定有一些误会。不是我到这里来出售，相反，我的理解是您想要买。"

老摩根听了年轻人的话，顿时目瞪口呆，沉默片刻后，他终于改变了声调。最后，通过谈判，摩根答应了洛克菲勒规定的售价。

在这次交际中，小洛克菲勒就是抓住了问题的关键：摩根急于要买下梅萨比矿区。然后对此给以点化，从而既出其不意地直戳对方的要害，说明实质，同时也表现出对垒的勇气和平等交往的尊严，使对方意识到自己应认真地平等地交往，交际进程就变成了坦途。

在谈判中，如果对方是一个目中无人的傲者，就可采取针锋相对的方法，以不卑不亢的态度，抓住对方之要害加以指出，打掉他赖以骄傲的资本，这时对方会从自身的利益出发，放下架子，认真地把你放在同等地位上交往。

说话技巧：

1. 谈判开始时，首先讨论容易解决的问题，然后再讨论容易引起争论的问题，这样容易收到预期的效果。

2. 说话时多向对方提要求，多向对方传递信息，影响对方的意见，进而影响谈判的结果。

3. 你期望达到的目的，一定要由你自己明确地说出，不要让对方揣测或自行下结论，否则可能脱离谈判的目标。

自我介绍，让人眼前一亮

难度系数：★ ★ ★

难度解读：

1. 在短短的几分钟内，如何介绍自己才能给人留下深刻的印象，是难点之一。

2. 自我介绍又称"第一印象"，如何说话，才能不落窠臼，给人眼前一亮的惊喜，是难点之二。

※ 扬长避短法

在一次车间主任的招聘面试中，考官对一个年龄偏大的女士说道："竞聘条件上明显写明女士，30 岁以下，大学本科以上文化程度。而你年龄已达 35 岁，而且是专科文化程度，你完全不符合我们的条件啊。"那位女士沉着回答：

"我想贵厂既然竞聘车间主任，一定是要聘任不仅能摸透工人心理而且懂得技术及管理的人吧！我 21 岁机械专科毕业，进机械厂当了 5 年技术员，然后又做了 7 年工程师，担任工程师期间，我又兼任了 4 年车间主任兼党支部书记。去年，我获得了高级工程师的职称。我设计的产品曾获得国家级优秀产品设计奖。我任车间主任期间，车间连续 3 年被评为先进集体。我相信贵厂看重实践经验，看重能力，看重管理水平。同时，我也相信，自己一定能胜任车间主任这一职务。"

她在自我介绍中，突出谈了自己的经历、职称和成就，看起来轻描淡写，并没有大力地宣扬自己，然而却突出了自己的优势，包括较高的职称、优良的设计技术和较强的管理能力。同时又有意识地回避了她年龄偏大、学历偏低的劣势，所以她获得了胜利。由此可知，在自己优势与不足同时存在的情况下，突出优势往往能收到意想不到的效果。这是因为考官看到你的优势时，自然会忽略你的不足，更何况人本来就不是十全十美的。

※ 幽默法

1990 年中央电视台邀请台湾影视艺术家凌峰先生参加春节联欢晚会。当时，许多观众对他还很陌生，可是他说完那妙不可言的自我介绍后，一下子就被观众认同并受到了热烈欢迎。他说：

"在下凌峰，我和文章不同。虽然我们都获得过'金钟奖'和最佳男歌星称号，但我以长相难看而出名……一般来说，女观众对我的印象不太好，她们认为我是人比黄花瘦，脸比煤炭黑，但我很温柔。"

这一番话戏而不谑，妙趣横生，令观众捧腹大笑。这种自我介绍给人们留下了非常坦诚、风趣、幽默的良好印象，凌峰的名字因此传遍祖国大地。借助幽默的方法，可以缓解紧张气氛，拉近与对方的距离，给对方留下非常深刻的印象。

※ 例证法

在某省委办公厅机关处室处级领导职位竞争上岗的仪式上，张某在做自我介绍中，说道：

"……我从小喜欢写作文，15 岁考入湖南师大中文系，经过 4 年的系统训练，我打下比较扎实深厚的语言、文字功底；参加工作后，一直从事文字工作，写作水平不断提高。近 10 年来，先后在中央办公厅的内部刊物、《人民日报》《求是》、中组部《党建研究》、新华社《内部参考》等刊物上发表文章 120 多篇。去年，我省被中办采用调研材料 7 篇，名列全国第一，其中 3 篇是我自己单独或者参与起草的。全国著名经济学家马洪主编的《中国改革开放与跨世纪发展战略》一书中的第三篇，是我为主起草的，该书已用中、英文两种版本在国内外出版发行。在综调室工作，我担负的一项重要职责，就是为省委领导起草讲话稿。我曾有幸参加中共 ×× 省第七次党代会报告的起草，对该省来说，这是一个具有历史性意义的重要文件；对我来说，赢得了一次珍贵的学习机会。2000 年 10 月 16 日，省委领导"在奥运健儿庆功大会上的讲话"，是我根据领导的思路写的初稿，具有较深的思想深度，又有浓郁的感情色彩，受到厅领导的好评……"

张某在自我介绍中并没有简单地用几句话说自己"具有较强的写作水平""较好的文字素养"等，而采用了举例的方法，把自己在写作方面取得的成果成绩重点列出，给对方留下了深刻印象。采用例证的方法，可以增加可信度，加强说明，突出优势。

不宜说的话：

1. 时间过长，频繁使用语气词的话——如"啊""嗯""众所周知"等。

2. 夸夸其谈，自吹自擂，不符合实际的话——如说自己在某项比赛中获得了第一名，实际上根本就没有参加该比赛。

3. 不确定的话——如"大概""或许""也许"等。

4. 绝对确定的话——如"绝对是""肯定是"等。

巧言化解面试中的"危机"

难度系数：★★★★

难度解读：

1. 面试中可能出现各种"危机"，让你原本就紧张的心情变得更加惶恐，这时如何说话，才能不乱分寸，是难点之一。

2. 保持镇定是前提，除此之外，还应该让面试官对你的机智和能力刮目相看，如何说话，才能达到这种效果，是难点之二。

※ 面对不清楚的问题

小林在学校里的专业是刑法学，想应聘法院的书记员工作。在面试中，考官在问及了关于小林的个人情况之后，开始问专业问题，问道："请你谈一下你对撤销权的认识。"由于紧张，小林只听清了"认识"两个字，重点根本就没有听到。小林很有礼貌地说："真的很对不起，刚才您问的题目我没有听清楚，您能不能再说一遍呢？"考官重复了一次问题，可是由于小林的专业是刑法，对民商法上的知识知道的很少，这个问题根本就不知道，就说："对不起，这个问题我不懂，我能向您请教吗？"小林这种谦虚大方，不懂就是不懂，坦然相对的态度，给考官留下了诚实、坦率的好印象。

如果考官提出的问题，面试者听后不明白题目的含义，在这种情况下，面试者可以婉转地问考官是否指某一方面的问题。此时，重要的是态度要坦诚，不可胡乱猜测，信口开河。考官会为你解释清楚这个问题的真正含义。相反，如果你按照自己想当然的意思回答，理解对了最好，但如果理解错了，那就会文不对题，相差甚远。如果这个问题你不知道答案，就诚实地说出。任何人都不是万能的，在面试中遇到实在不懂或不会回答的问题，既不能支支吾吾，更不能不懂装懂。

※ 面试中说错了话

国家公务员面试中，采用的一般是结构化面试方式。一个面试者要面对一排十来个考官，而且还有摄像机全程摄录。在这种氛围中，面试者很容易因为紧张而闹出笑话。毕业生孙某在面试中就出现了这样的情况。用人单位考官问："阁下认为我部的发展前景如何，发展动力又是什么？"孙某由于太紧张，听完提问后，不假思索地说："我阁下认为……"话刚说完，孙某就意识到自己犯了错误，连忙说："真对不起，我太紧张了，讲错了话，闹了笑话。我真正想说的是……"由于孙某能够在紧张的情形下保持冷静，弥补自己的过失，考官们很欣赏他的坦白态度和应急能力，孙某因此博得好感，自己的小小口误并没有使自己在面试中受到影响。

碰到这样的情况，许多面试者往往心烦意乱，感觉自己讲错了话，这次面试肯定通不过，陷入懊恼之中，越发紧张，接下去的效果就更差。这时，应当继续专心对付每一个提问，而不必耿耿于怀，提心吊胆，不能因一个小错误而丧失了一次机会。对用人单位来说，也不会因为讲错一句无关大局的话而放过一个具有真才实学的人才。若面试人说错的话很容易得罪人，或比较重要，则应该及时道歉，然后再说出你的正确答案。对考官来说，他可能更欣赏你的坦诚态度和语言表达的技巧，或许你会因此而博得好感。

※ 面试中出现沉默

小王在应征一家国有企业的销售人员时，面试考官有7个人，坐在小王的对面。考官们随便地问了小王的个人情况、相关工作经验之后就没有考官再问问题。面试出现了沉默。这时，小王主动打破沉默，说道："刚才您问我的问题，其实我觉得还可以从其他三个方面来看待这件事情……"小王应聘的是销售人员，而作为销售人员，最基本的能力就是察言观色，随机应变，能说会道。小王的适时说话，给考官留下了良好的印象。

有时面试中，考官为了试验一个面试者的心理承受能力，会故意长时间地不讲话，造成长时间的沉默。许多没有经验或经验不足的面试者对此往往不知所措，惶恐不安，甚至说了一些不该说或毫无意义的话，使自己陷入被动局面。这时面试者可以说一些如"还有什么关于我过去的工作经验或是能力，您希望我详细一点儿说明的？""不知道贵公司的主要经营范围是哪些呢？"之类的话，以缓解面试中的尴尬气氛。

※ 面对多位考官同时提问

在一次卫生局招聘中，面试的有9位考官。在问问题的时候，几位考官同时发问，甲问道："谈谈非典对生活的影响？"乙又问道："如何采取公共卫生的措施？"丙问道："怎样传播公共卫生知识呢？"面对不同领导提出的不同问题，小李在回答问题时说道："对不起，请允许我按照顺序回答各位领导的提问，可以吗？"随后，小李先后回答了三位领导的问题。小李的话虽不多，但起到了很大的作用，给考官留下了良好印象。

遇到几位考官同时提问，一些面试者会胡乱选择其中一部分问题加以回答，结果自然不能让所有考官满意。在这种情况下，既要逐一回答，又要显得有礼貌。回答哪位领导问题在先，哪位在后，一般应按级别的高低来定。一般是可以从座次看出来，中间的就是主考官。否则，某些领导会有不被尊敬之感。回答问题的目的主要是和发问的考官进行交流，但也要适当顾及其他领导，让他们觉得，你是在和所有考官交流。

说话技巧：

1. 在面试中遇到没有回答好的问题时，千万要沉着冷静，迅速进入下一个问题之中，不要一直回顾自己前面的错误。思想上淡化成败意识，缓解压力。

2. 在面试中要保持坚强的自信心、高度的注意力、敏锐的思维力，这样才能保持简洁流畅的语言。

3. 在面试中，保持愉快的精神状态，感染考官；保持微笑，时刻注意礼貌，保持虚心的态度，没有一个考官会忍心对这样的人太严厉的。

求职时如何询问薪酬

难度系数：★ ★ ★ ★

难度解读：

1．薪酬是面试中一个十分重要和敏感的问题。由于受传统观念的影响，人们在谈及此问题时往往是羞于启齿，欲说还休。该不该或者敢不敢询问薪酬，是难点之一。

2．对面试者来说，如何把握讨论薪酬的分寸，不破坏在面试官心目中的形象，是难点之二。

※ 转移目标法

在一家私营企业招聘秘书的面试中，老板对有工作经验的王某的表现非常满意，在面试的最后，老板问王某："你目前拿多少钱？"王某停顿了一下，微笑地回答道："过去的工资并不重要，关键是我的工作能力是否能够达到贵公司的要求。"王某回避了目前的工资水平，把本来很难回答的问题转移到其他与工资挂钩的事情上，由私营企业来根据应聘者能力的大小决定工资的多少。

面试中，如果你也碰到了类似的问题，千万要谨慎回答。如果你目前薪水太少的话，那么直接回答不会给你带来什么好处。正确的回答是顾左右而言他，"打太极拳"，如巧妙地回答："我相信公司会根据我的业绩给予合理报酬，以体现多劳多得原则"或"钱不是我唯一关心的事。我想先谈谈我对贵公司所能做的贡献——如果您允许的话"等，这样就将球又踢了回去。

※ 控制比例法

小于是某大学法学院的应届毕业生，毕业后应聘到一家律师事务所做律师助理。在最后谈工资的时候，律师事务所主任问道："小于啊，你想拿多少工资啊？"说实话，小于当时就有点儿蒙了，作为一个应届毕业生，没有过工作经验，根本就没有可以比较的，也不太清楚主任的意思。小于想了想，笑着说："主任你看呢？你说给我多少啊！"主任又说："像你们这样刚毕业的助理一般就是2000多吧！"小于随后说道："那大致上就2000—3000之间吧！和市场挂钩啊！您看怎么样？"小于使用比例方法，不容易把话说死，留有回旋余地。

每个雇主在心里对薪水的上下限度都有个数，他们经常会在那个限度内自由调整，他们手头掌握着你所不知的内情。当你不知道对方是怎样想的时候，往往容易自降身价。这岂不正中其下怀？所以呢，在你提出任何薪水要求之前，请务必搞清它的大致价位，以退为进提出反问，如"我愿意接受贵公司的薪酬标准，不知按规定这个岗位的薪酬标准是多少？"这样，不但没有露出自己的底，反而可以摸清对方的底。假如它低于你的心理价位，你就定一个比你现在的薪水高至少10%-20%的价。总之，你必须得先开价，而且勿将底线定得太低。

※ 坚持法

小丽经过笔试和面试后，终于进入了最后的面试。在最后谈工资的时候，小丽和公司一直谈不拢。公司的工作人员说："对不起，我们公司只能提供您 2000 元每月的工资，不包括三险一金，不包括住宿。"这个薪金与小丽的心理期望值差得很多。小丽问道："你们决定雇佣我了么？"工作人员说："当然了，你各方面都很优秀，我们认为你非常适合我们公司。"双方又谈了好久都不愿妥协。小丽觉得虽然这个工作机会很难得，但是薪金还是不能接受，只好说道："谢谢你们给我提供工作机会。这个职位我很想得到，但是，工资比我想要的低，这是我无法接受这份工作的原因之一。也许你们会重新考虑，或者以后能有使我对你们更有价值的工作时再考虑我。"最后，由于小丽的坚持，公司又和她商谈，最终得到了双方都满意的结果。

虽然工作机会是很重要的，但是如果自己的要求实在不能得到满足时，采取以退为进的方法，或许能够让对方重视起来，认真考虑你的要求。当然，即使拒绝对方，也要为协商留有余地。如果雇主需要你，他会乐于满足你的要求。而一旦你对他们提出的标准说出绝对的"不"，交易就肯定做不成了。

不宜说的话：

1. 不能一开头就谈薪金问题——工作还没有干，就先提条件，何况老板还没有说要聘用你呢！谈论报酬无可厚非，只是要看准时机，一般在双方已有初步意向时，再委婉地提问。

2. 太过于绝对的话——如"希望得到 2000 元的工资"。将薪金的具体数字说死，没有留下可以商量的余地。

3. 过于降低或过于提高薪金的话——这样只会让人感觉你能力差，不值得请或能力太高请不起，不会对商谈起到任何作用。

4. 不礼貌的话——如"你们打算出多少?"这样的问题就很不礼貌，很容易引起对方的反感。

小心回答面试中的"陷阱问题"

难度系数：★★★

难度解读：

1. 能否听出考官的"言外之意"，判断出哪些属于"陷阱问题"，是难点之一。

2. 陷阱问题是考官故意设下的"圈套"，以声东击西的方式来判断考生的性格、能力，通常都是咄咄逼人、过于刁钻，如何才能既巧妙回答问题又不失礼貌，是难点之二。

※ 压力问题

就是把考生放在一种不利的境地，考察考生的应变能力。

在一次公务员面试中，考官对一位少女考生的其他问题的回答非常满意。最后，一位考官对她说："你是一个很漂亮的女孩，但是我们发现你脸上有不少雀斑，你觉得这会对你的面试有影响吗？"面对这种故意设置的压力问题，该女孩的回答非常精彩：

"我是来报考公务员的，今天主要考察的应该是能力，我想各位老师坐在这里也肯定是为国家选材而不是选美，如果各位是来选美的，我想我不合适，但如果是选材，我相信自己是栋梁之材。"

女孩非常自信，没有因为被问及自己的缺点而丧失信心，相反，回答有理有据，没有正面回答缺点对面试是否有影响，而是分角度阐述，把问题交给考官，任其选择，获得成功。因此，当在被问及自身缺点时，不要慌张。回答时可以扬长避短，突出自身优势，减少缺点的影响。

※ 迷惑问题

在一家企业面试中，小李凭借自己的实力已经通过了笔试和第一次面试，在最后一次面试过程中，考官突然问道："经过了这次面试，我们认为你不适合我们单位，决定不录用你，你自己认为会有哪些原因？"面对考官的问题，小李回答道：

"我认为面试向来是 5 分靠实力，5 分靠运气的。我们不能指望一次面试就能对一个人的才能、品格有充分的了解和认识。通过这次面试，我学到了很多东西，也发现了自己的不足——既有临场经验的不足，也有知识储备的不足。希望以后能有机会向各位考官讨教。我会好好地总结经验，加强学习，弥补不足，避免在今后工作中再出现类似的问题。另外，希望考官能对我全面、客观地进行考察，我一定会努力，使自己尽量适应岗位的要求。"

其实，考官这是在考察你的应变能力，并非真的对你不满，如果他们认为你不合适的话，是不可能再会问你问题的。因此，要沉着应付，不要中了圈套而暴露自己的弱点，回答时可以虚一点儿，把重点放在弥补弱点上，这可以看出你积极进取的品质。另外，要诚恳地向考官讨教，以博取他们的好感。

※ 刁钻问题

在一次公司求职面试中，某主考见一位朱姓考生知识渊博，思维敏捷，各类问题都对答如流，便突发异想，抛开原定题目，出了一道偏题："朱自清的散文《春》，尽人皆知。请你回答这篇文章一共多少字？"这下可真把朱某考住了。他暗想，主考出此题目未免脱离常规，既然有意刁难，录取必然无望，就不管一切，大胆反问："主考官的尊姓大名，天天目睹手写，也已烂熟，请问共有几笔？"主考官想不到应考者竟会有如此反问，一时愣住。事后，主考官十分赏识朱某的才能和胆识，于是亲自录用。

有些问题过于刁难，而且实在无法回答，不妨反戈一击，反问对方，可能会起到意想不到的效果。不过，切记要保持微笑，以礼待人，因为考官只是在考察你的应变能力而非真的想刁难你。

※ 两难问题

在一次公司招聘面试中，考官突然提出这样的问题："你对琐碎的工作是喜欢还是讨厌，为什么？"对于这个两难问题，若回答喜欢，似乎有悖现在知识青年的实际心理；若说讨厌，似乎每份工作都有琐碎之处。因此，小张在思考过后回答道：

"琐碎的事情在绝大多数工作岗位上都是不可避免的，如果我的工作中有琐碎事情需要做，我会认真、耐心、细致地把它做好。而且，我刚到一个单位，情况还不十分熟悉，通过做小事，可以熟悉工作，熟悉单位，尽快进入角色。不管是什么学历，都要从小事做起，甘当小学生。一屋不扫，何以扫天下？只有把小事做好，才能让领导信任，才有机会做大事。"

其实，考官并不是真正的考察你到底是否喜欢做琐碎的工作，其真正的目的在于"工作态度"。小张的回答，委婉地表达了大多数人的普遍心理——不喜欢琐碎工作，又强调了自己对琐碎事情的敬业精神——认真、耐心、细致。既真实可信，又符合对方的用人心理，是个很好的回答。因此，对于这种两难问题，可以采取避实就虚的方法，不要从正面回答问题，而从多角度分析回答。

※ 测试式问题

小英在应聘某家公司财务经理一职时，被问道："作为财务经理，如果总经理要求你1年之内逃税100万元，你会怎么做？"因做过很多财务工作，小英深知工作中的要求规则，于是很快地回答："我想您的问题只能是一个'如果'，我确信像贵公司这样的大企业是不会干违法乱纪的事情的。当然，如果您非要求我那么做的话，我也只有一种选择：辞职。虽然能够在贵公司工作是我一心向往的，但是无论什么时候，诚信都是我做人的第一原则。我不能为了留在公司工作而违背良知、违背工作准则。"

面对这类问题，如果你抓耳挠腮地思考逃税计谋，或者思如泉涌地立即列举一大堆方案，都会中了考官的圈套。实际上，考官在这个时候真正考核的不是你的业务能力，而是你的商业判断能力及商业道德方面的素养，遵纪守法是员工的最基本要求。小英的回答非常精彩，既遵循了原则，又突出了诚信。

※ 诱导式问题

小伟是一名大学毕业生，在一次公务员面试中，考官问道："你认为金钱、名誉和事业哪个重要？"小伟面对这种诱导式的语言陷阱，回答道："我认为这三者之间并不矛盾。作为一名受过高等教育的大学生，追求事业成功当然是自己人生的主旋律。而社会对我们事业的肯定方式，有时表现为金钱，有时表现为名誉，有时二者均有。因此，我认为，我们应该在追求事业的过程中去获取金钱和名誉，三者对我们都很重要。"

这个问题，好像是一道单项选择题，它似乎蕴含了一个逻辑前提，即"这三者是互相矛盾的，只能选其一"。实则不然，切不可中了对方的圈套，必须冷静分析，可以明确指出这种逻辑前提条件不存在，再解释三者对我们的重要性及其统一性。对于这种诱导式问题，不能跟随考官的意图说下去，以讨好考官。这样做的结果只能给考官"此人无主见，缺乏创新精神"的感觉。

锦囊妙语：

1. 问：你是不是看中我们单位的待遇高？

答：对职工来说希望效益好，效益好来自科学的管理体制。待遇好的单位不难找，但真正管理有方的单位并不太多。

2. 问：为什么你这么长的时间都没有接受任何录用？

答：我已经收到一个录用通知，但那个职位并不适合我。我非常高兴我没有接受，因为这给了我一个机会来到这儿面试，以争取一个更适合我的职位。

3. 问：婚后你是否计划在短期内生育？

答：我很重视自己的事业，因此我的决定以不影响我的工作和公司的利益为前提，会理智地处理好这个问题。我相信我的丈夫是个明事理的人，他一定会理解和支持我的。

巧言"包装"自己的短处

难度系数：★★★★

难度解读：

1．扬长避短是人的本能，但某些场合，你被面试官或者上司问到了自己的短处时，该不该承认自己的短处，是难点之一。

2．如何承认自己的短处，才能不给人留下你过于谦虚和无能的印象，从而使自己在竞争中处于劣势。

3．如何巧妙地"包装"自己的短处，才能化短为长，使你的短处反而成了你竞争的优势，是难点之三。

※ 明"短"实"长"法

小王在面试一家大型外资企业时被问道"你认为你自身有什么缺点呢？"其他面试的人都只是简单地谈了谈自己的缺点，比如"缺乏实践经验""组织能力差""交际能力差"等。经过短时间的思考，小王回答：

"周围与我共事的同事们都说我是个完美主义者，执着地追求完美使我在工作上非常的坚持品质，一丝不苟，为了一点儿瑕疵，我宁可重新做过。但我越来越觉得这样的态度在职场上是不恰当的，因为工作是需要以团队合作的方式完成，过度要求完美使我面临得罪同事、越俎代庖、延误工作进度，降低工作效率等情形。现在我会不时地提醒自己，在工作的态度上绝对是要全力以赴，有一些小节则可视大局而定，不用事事拘泥，让自己和周围的人都承受很大的压力"。

每个人都有缺点，其他面试人说的那些缺点对于任何职位来说都是非常重要的能力，暴露给考官，势必会影响到面试的分数。小王的回答好像是在揭露短处，但实际上是在表露自己有毅力、一丝不苟、正视自身缺点，虚心改正的优点，既回避了自身短处，又一次突出长处，给考官加深印象，必然能获得面试成功。

※ 坦白承认法

在一次公务员面试中，考官看到考生小何的简历中有曾经留过级的记录，便问道："为什么你留级过一年?"作为一个学生，留级是非常不光彩的事情，可能表明你不是一个"好学生"。当被问及此类问题，考生大多会自乱分寸。小何却非常镇静地回答：

"我也觉得留级很不应该，当时我担任社团的负责人，全身投入到社团活动中，反而忽略了自己当学生的本分，等我察觉到这个错误时，我已经留级了。虽然我在社团花了不少的心血，但同时也带给我不少的收获，可是每想到自己因此而留级，就觉得很可耻，我一直都为此事耿耿于怀，更不愿重蹈覆辙。"

为自己的短处找足理由往往无济于事，重要的是如何使面试官在感情上认同你谈到自身缺点的态度。小何诚实地承认了自己的缺点，并没有为此找各种理由开脱。因此考官会认为他是个知错就改的人，这样可以消除误会，缩短心理距离。

※ 自亮家底法

小伍在公安局刑侦队工作努力，表现突出，颇受领导和同事的赏识和认可。不久前，刑侦队副队长退了，所有的人都认为小伍是最有希望升上这个位子的。可就在竞选前两天，小伍的父亲突然怒气冲冲地进了小伍的办公室，当着同事的面，扇了小伍两记耳光。这事在单位传开了，种种猜测随之而来。

竞选那天，没想到小伍竟然自己主动把事情"抖"了出来：

"我热爱我的工作，迄今为止，做一名优秀的刑警一直是我的目标，我丝毫未敢懈怠过。但正因为如此，我不得不承认，我是一个失败的丈夫，常年不在家里，没有给过妻子多少帮助和体贴，所以，妻子前几天和我提出了离婚，我的父亲非常生气，跑到办公室来教训我。我确实是一个不合格的丈夫和不合格的儿子……"

话说到这里，下面的几位女同事感动得流了泪。人们听了小伍的话，不但消解了前些天心头的疑问，也没有责备他对家庭的疏忽，反而为他舍小家为大家的工作精神感动了。

小伍在竞选前夕，竟然发生了被父亲当着同事的面扇耳光的事情，可谓是出师不利。可小伍在被流言蜚语攻击之前，主动地亮出了家底，批评了自己对家庭不够尽职尽责，可另一方面却突显了他的工作热情，这样的一番话，帮助小伍迅速转劣势为优势，为竞选赢得了一票。

※ 非常规解释法

一家大公司招聘营销经理，经过第一轮笔试，10 名佼佼者被选入参加面试。可是面试当天，却出现了 11 名应聘者。总经理诧异地问第 11 名，为何不请自来。

第 11 名那位中年男士，不卑不亢地说：

"贵公司挑选营销经理，应该是能力的竞争而不是学历的竞争，也不仅仅是考试成绩的竞争。我虽然没有过笔试，但我相信，您在面试中见到了我本人，一定会对我感兴趣！"

经理问："你用什么来证明你的能力呢？"

"我先后在 5 家公司做过营销人员，有丰富的实践经验。可惜的是，5 家公司最后都倒闭了。"

这位男士的话音刚落，立即引来了另外 10 名竞争者一阵哄笑。经理问："你工作过的 5 家公司都倒闭了，只能说是你的劣势啊！"

"在一般人的观念当中，成功的才是值得庆贺和珍惜的。但对我而言，我的 5 次失败却是别人无可比拟的优势，虽然我在成功的经验上可能少了点儿，但我却有丰富的失败的教训。我知道什么是在实践中是行不通的，知道什么是市场不需要的，因此，在我未来的工作中，我不会再犯同样的错误，那么失败的可能性也将越来越小，等待我的必然是成功！"

结果，这位被笔试淘汰的男士在面试中胜出，被这家公司挑中了。曾经工作的 5 家公司都倒闭了，按照常规思维，这必然成为他以后求职的绊脚石。可是这位男士却突破常规思维，另辟蹊径，将失败给他带来的优势说得头头是道，结果劣势反而成为优势。

很多问题，从一个角度去分析，可能认为它是短处，但如果换一种思维去剖析，没准儿就变成了求职中让你大放光彩的长处，关键就在于你如何去寻找一种非常规的解释方法。

不宜说的话：

1. 狂妄的话——"我想不出自己有什么地方需要改进""我的字典中没有缺点这两个字"等，这样的话不是显得自信而是自大。

2. 过分谦虚的话——把自己说的一无是处，过分贬低自己，这样不但不会让招聘者对你产生同情，可能还会对你的优点产生怀疑。

3. 谎话——谎言即使现在能瞒天过海，也难保将来不被揭穿，它会对你的诚信产生影响。

一席话给盛怒者泼冷水

难度系数：★ ★ ★ ★

难度何在：

1. 处于盛怒中的人，往往失去理智，听不进别人的话，你要如何说话，才能让他愿意倾听，是难点之一。

2. 处于盛怒中的人，说话往往火气冲天，气焰嚣张，你要如何说话才能既不失自己的风度，又能在气势上盖过对方，是难点之二。

※ 用微笑对抗无礼

从上海飞往广州的班机上有两位金发女郎，人倒是很漂亮，可一上飞机，就态度蛮横，百般挑剔，说什么机舱里有怪味，香水不够档次，座位太脏，甚至还用英语说粗话。尽管如此，空姐还是面带微笑地为她们提供周到的服务。

飞机起飞后，空姐开始为乘客送饮料、点心。两位女郎点了可口可乐，没想到还没喝，两位就开始抱怨开了，说可口可乐味道有问题。几句话没说完，其中一位越说火气越大，竟将可口可乐泼到空姐的身上，溅得空姐满身满脸都是。空姐强忍着愤怒，最后还是面带笑容地将可口可乐的瓶子递给金发女郎看，说：

"小姐，你说得很对，这可口可乐可能是有问题。可是这可口可乐是贵国的原装产品。也许贵国这家公司的可口可乐都是有问题的，我很乐意效劳，将这瓶饮料连同你们的芳名及在贵国的地址一起寄到这家公司。我想他们肯定会登门道歉并将此事在贵国的报纸上大加渲染的。"

两位金发女郎目瞪口呆了。她们知道这事闹大了，说不定回国后这家公司会走上法庭，告她们诋毁公司名誉。在一阵沉默之后，她们只好赔礼道歉，说自己太苛刻、太过分，并夸奖中国空姐的微笑是世界一流、无可挑剔的。

面对两位金发女郎的无礼刁难和莫名怒火，这位空姐始终保持着优雅的微笑和得体的语言，并在一番笑声中点中了对方的要害之处，让对方不得不停下自己的无礼言行。记住：在怒火面前，微笑永远是最温和却也是最有力的武器。

※ 用逻辑诱使对方自我否定

有一次美国的一位机电销售员与某公司的经理谈关于电机的贸易，这位经理拿起产品介绍书看了一下突然变了脸色，把介绍书顺手一扔还给了销售员，并勃然大怒地说：

"你们公司售出的这种牌子的电机太差了！上次差点把我的手烫坏了！"

推销员听了并没有与对方辩论，而是微笑着说：

"经理先生，如果真是这样，那我不仅应该向您道歉，还应该帮您退货。"

接着他开始提问:"当然,任何电机工作时都有一定程度的发热,只是发热不应超过全国电工协会所规定的标准,您说是吗?"

"是的。"

推销员又问:"按国家技术标准,电机温度可比室内温度高出72° F(华氏),是这样吧。"

"是的,但你们的电机温度太高了,我当时摸了一下,差点儿把我的手烫坏了!"

推销员说:"那太对不起了。不过我想请问一下,您车间里的温度是多少?"

"大约 75° F。"

推销员明白了,笑着说:"这就对了,车间温度是 75° F,加上72° F 的升温,共计 140° F 以上,请问,如果您把手放进 140° F 的水里,会不会被烫伤呢?"

"那……那……是完全有可能的。"

推销员说:"那么经理先生对我们这种牌子的电机还有其他什么意见吗?"

"没有了,我们再订购两台吧。"

生活中有些人之所以会怒气冲天,纯粹是因为自己的错误造成了对对方的误解和责备。这时你大可不必直言反驳,更不必拍案而起,反唇相讥,而可以使用上面这位推销员的办法,引诱对方自己把错误揪出来。即先不马上指出他的错误,而是旁敲侧击地提出一些经过构思的问题,诱使对方在回答中逐渐否定自己原有的观点。当对方的误解消除了，火气也就随之而去。

※ 用"高帽"封住对方的嘴

古时候，一个叫彭玉麟的官员，有一次路过一条狭窄的小巷。一个女子正在用竹竿晾晒衣服，一不小心竹竿掉了下来，正好打在彭的头上。彭勃然大怒，指着女子破口大骂起来。

那女子一看，认出是官员彭玉麟，不禁冷汗直冒了出来。但她猛然间急中生智，便正色道：

"你这副腔调，像行伍里的人，所以这样蛮横无理。你可知彭大人就在我们此地！他清廉正直，爱民如子，如果我去告诉他老人家，怕要砍了你的脑袋呢！"

彭玉麟一听这女子夸赞自己，不禁喜气上升，而且又意识到自己的失态，马上心平气和地走了。

晒衣女失手掉下竹竿，打在彭玉麟头上，可谓无意却很凑巧。于是，他大怒而骂，所幸晒衣女尚能认识他，而且能够急中生智，采用美誉推崇的方式来遏止对方。她装作不知道对方是谁反而斥责对方蛮横无理，并且夸彭大人清廉正直，说向他告状会治你的罪。这并非"当面"夸奖，却胜过当面夸奖，说得彭玉麟心里美滋滋的：自己在民间居然有这么好的吏治声誉，绝不应该为这些许小事而损害形象。幡然醒悟之后，便转怒为笑，一场眼看要爆发的争吵就这样被巧妙地化解了。

晒衣女子的这一招的确算是高明，一顶恰到好处的"高帽"往往能浇灭对方的怒火，因为维护自己在别人心目中的好形象是每个人本能的选择，在一番恭维话面前，谁还有心情去生气呢？

※ 用"软钉子"回击对方

公共汽车上，由于拥挤，一个乘客踩了吴伟一脚，吴伟也没说什么，只是朝对方瞪了一眼。谁知，那位乘客却怒冲冲地吼了一句："看什么看？你以为你能把我吃了吗？"这时车厢里的气氛顿时紧张起来，大家都以为吴伟会和那位乘客争吵起来，甚至拳脚相加、大打出手。不料，吴伟却露出一脸轻蔑的微笑，慢条斯理地说：

"哦，要把你吃下去也真不容易。你有血有肉有骨头，还有头发，我可没有那么高水平把你吃下去！"

话音刚落，车厢里爆发出一片笑声。那位乘客满脸涨得通红，想发作却也无可奈何。在这里，吴伟用的就是给对方"软钉子"的方法回击了对方，既避免了无谓的争吵，又维护了自己的尊严。而他的话之所以引发出一片笑声，就在于他选用了形象话的语言（血、肉、骨头、头发等都是具体可视的形象），把原本枯燥无味的争吵化作妙趣横生的嘲讽。

※ 用强示弱逗乐对方

一个瘦小的人得罪了一个大汉。大汉十分凶恶地大骂瘦弱者，气焰十分嚣张。等大汉骂完，瘦弱者问：

"你骂谁呢？"他把每个字都说得字正腔圆，满脸正气。

大汉当然毫不畏惧，便愤怒地回答："骂你呢，怎么，你想干吗?!"

瘦弱者一笑，说：

"骂我就算了，如果骂别人，看我不揍扁你！"

他话音刚落，大汉便被他的话逗得哈哈大笑起来，笑完了，怒气也就消了。刚才剑拔弩张的气氛顿时缓和下来。

很多情况下，人们喜欢以弱示强，但在一些特定的场合，用反向思维的办法——以强示弱，也可以收到化解尴尬的效果。由于说话者是以强者的面目出现，不会显得自己无能，又由于是在示弱，也不会使自己吃亏。

锦囊妙语：

1. 同情的话——如"你的处境我完全理解"，这样发怒的人马上会对你产生"自己人"的感觉。

2. 关切的话——如"你这样大动肝火，对自己的身体不好，有话坐下来好好说嘛"，这样会让发怒的人觉得你在关心爱护他。

3. 忍让的话——如"这事是我不对，你先别生气"，这样能保全对方的面子，又能平息对方的火气。

4. 商量的话——如"你说的很对，但关于……的这一部分，我们是不是可以再商榷商榷？"这样能满足愤怒的人的自尊心。

化解突如其来的"冷语"

难度系数：★★★

难在何处：

1. 面对突如其来的尖酸刻薄的话，内心总会觉得难堪和不快，这种情况下，保持理智比较难。

2. 既不想让对方气焰太盛而损自己的颜面，又不想大动干戈而陷入反唇相讥的恶性循环，如何说话才能同时实现这两个目的，不可谓不难。

※ 一笑置之

一个女孩兴致勃勃地穿上新裙子，朋友见了却说："这是新的吗？看上去怎么像是用来做椅套的家具布？"女孩回答："是吗？那你不妨上来坐坐？"

妻子想让丈夫减肥，于是对丈夫说："你的体重又上升了5公斤，是不是？"丈夫回答："不，是7公斤。"妻子不死心地继续说："那你就不打算做点儿什么吗？"丈夫则呵呵一笑："当然有，我打算做一辈子胖子！"妻子原本想"教训"丈夫的意图在丈夫的幽默的回答中落空了。

生活中面对一些无聊或别有含义的话，你又不想跟对方计较的话，不妨制造一些幽默的气氛，一笑置之，让对方感觉出自己的无聊。

※ 小露锋芒

有时候有些话确实让自己难堪或心里不好受，而且对方又是来者不善，我们就不必过于谦让和容忍，而进一步增长对方的气焰。这时我们可以巧妙地把对方踢来的"球"又踢回去，反过来砸在对方的身上。

比如，"你连这个都不懂？亏你还是个读书人！"

你可以回敬："一个人不是什么都懂的，比方你骂人的这副样子我就不懂！"

又如，"哼，居然还很得意！"

你可以这样回答："看来，你生活得很不得意。不好意思。"

再如，"轮得着你说话吗？啥都不懂！"

你可以说："你说对了，不过我懂或不懂，你听来不都一样吗？"

小露锋芒的关键在于把握好回敬的"度"，一旦过了火，就容易引起进一步的反唇相讥，所以最好能把锋芒藏在谦虚或温文尔雅而不是怒气冲天的话中，这样既回敬了对方，又显示了自己的风度。

※ 故意误解

有些话根本不值得与对方较真儿，这时可以对他的话故意误解，让对方自感无趣。

比如，"你是什么样的人，我还不知道？"

明知道对方是在指责你的性格，但你可以回答："真的？我是金牛座 A 血型，你怎么知道的？"

再如，"你怎么可以这样？"

其实对方的意思是："你这样做太不应该了。"但这句话本身既可以理解为褒义又可以理解为贬义，你可以故意装傻，把它理解成夸奖，然后回答："谢谢夸奖，其实，这也没什么难的。"

又如，"我看你脑子有问题呢！"

对方的意思是责备你脑子有"毛病"，但你可以装作把"问题"理解成它的另一种含义，再回答："哦，人的脑子里不装点儿问题，不就成白痴啦！"

※ 以理服人

有时候，一些冷语会来自你的上司、长辈，或来自你的下属，但你要摆出领导的架子只会让事情更糟，这时，你可以争取用最简单的话把道理讲清楚。

比如，你的下属对你不服，而出言不逊："你以为你是谁？有啥了不起的！"

这时你不用与他争吵，那样只会更失威信，你可以说："别激动，我们都不是什么了不起的人，但我们更不是什么冤家对头，所以，有话咱们坐下来好好说。"

再如，"你小子在我面前神气啥？我走过的桥比你走过的路还多！"

这种话一般出于有一定生活经验、年龄较长的人的口，倚老卖老的成分十足。这时也不必冒失顶撞，你可以说："按理说，您这样年长的人社会经验丰富一点儿，但年轻也是一种本钱啊。"

※ 息事宁人

说出尖酸刻薄的话时，人往往处于非理性的状态中，这时与他强烈的针锋相对，几乎无济于事，我们不妨先想办法说些话把他的怒火熄下去，等他平静时再好好理论。

比如你的上司怒气冲天地说："你当自己是谁？有啥了不起的！"

你可以回答："在您的英明领导下，我为自己的不出色感到羞愧！"一来表示了自我检讨的态度，二来还恭维了对方。

又如，"你怎么这个都不会，真没用！"

你可以说：请原谅，我的健忘症很严重，学过的又还给老师了。"

再如，"你这样子，迟早会出事的！"

你可以礼貌地接受他的警告："哦，你说得有理。我会注意的。"

不宜说的话：

1. 火上浇油的话，这样只能适得其反——比如"你又是什么东西，敢这样说我？"

2. 特别较真儿的话，突然说出"冷语"的人往往没有经过思考，不值得与他争个是非——比如："你今天把这话给我说清楚！"

3. 失去理智的话，你和对方一样失去理智，只能引来进一步的争吵——比如"你脑子才有问题呢！"

反驳也可以笑容满面

难度系数：★★★★

难度何在：

1. 当对方的话明显不正确，或者明显带有挑衅意味时，如何保持有风度的姿态说话，这是难点之一。

2. 反驳容易，要带着微笑反驳就难了，如何说话才能既点出对方的错误，又不失自己的优雅，这是难点之二。

※ 偷换概念进行反驳

一位日本政治家在演讲时，遇到当地某个妇女组织代表的指责：

"你作为一个政治家，应该考虑到国家的形象，可是听说你竟和两个女人发生了关系，这到底是怎么回事呢？"

顿时，所有在场的群众都屏声敛气，等着听这位政治家的桃色新闻。

政治家并没有感到窘迫难堪，而是十分轻松地说道：

"不止两个女人，现在我还和五个女人发生关系。"

这种直言不讳地回答，使提问的代表和群众如坠雾里云中，迷惑不解。

然后，政治家继续说：

"这五位女士，在年轻时曾照顾我，现在她们都已老态龙钟，我当然要在经济上照顾她们，精神上安慰她们。"

结果，那位代表无言以对，而观众席中则掌声如雷。

这位政治家在表面上甚至没有反驳那位代表，他的高明之处在于"偷换概念"，把代表口中意指不正当男女关系的"发生关系"，偷换成他口中正当的报答和支持的"发生关系"。

一般情况下，人们在同一思维过程中，使用语言的内涵和外延都应该是确定的，要符合逻辑的同一律，不能任意改变概念的范围。然而在某些特殊的场合，人们又可以利用言语本身的不确定性和模糊性来"偷换概念"，使对话双方话题中的某些概念的本质含义不尽相同，以求得特殊的效果。

※ 巧用反问进行反驳

有一位女作家写完了一部长篇小说，发表后引起轰动，一时成为最畅销的热门书。有个评论家曾向女作家求婚但遭到拒绝，怀恨在心，经常在评论中旁敲侧击地贬低她。有一次文学界举行聚会，许多人当面向女作家表示祝贺，称赞其作品的成功。女作家一一表示感谢。忽然那位评论家拨开众人，挤到前面，大声向女作家说道：

"您这本书的确十分精彩，但不知道您能否透露一下秘密，这本书究竟是谁替您写的？"

女作家还陶醉在众人的赞扬声中，冷不防他竟会提出这样的问题，就在她一愣的刹那，人群中已有笑声传出。女作家立即清醒地估量了形势，意识到做问题以外的争吵于自己不利，她马上镇静下来，露出谦和的笑容，对评论家说道：

"您能这样公正恰当地评价我的作品，我感到十分荣幸，并向您表示由衷的感谢！但不知您能否告诉我，这本书是谁替您读的呢？"

评论家的刁难之意十分明显，而女作家彬彬有礼的反问，虽然面带微笑，但同样针锋相对，威力十足。潜台词是说，你从来不认真读别人的作品，所做的评论无非信口雌黄。连书都不读的人，有什么资格作评论？巧妙的反问，使评论家陷入了狼狈的处境。

※ 先顺着对方再反驳

英国著名剧作家萧伯纳的戏剧《武器与人》首演时，获得了极大的成功。他应观众的要求来到台前谢幕。这时，有一个人在楼座里高喊：

"这部戏简直糟透了！"

对于这种失礼的话，萧伯纳没有怒气冲冲，他微笑着对那个人鞠躬，彬彬有礼地说道：

"我的朋友，我完全同意你的意见。"

他耸了耸肩，又指着正在热烈喝彩的观众说道：

"但是，我们俩反对这么多观众有什么用呢？"

观众中爆发出更为热烈的掌声。

萧伯纳面对失礼的话，情绪平和，举止文雅，语言机智。他先顺着对方的话，同意其看法，然后，话锋一转，利用现场气氛，指出就算本人同意你的看法，也改变不了事实。巧妙地回击了对方又不失自己的水准。

※ 抓住对方错误再反驳

有一次，德国大作家歌德走在一条乡间小路上，迎面走来一个傲慢的财主。而这条小路刚好只能供一个人通过。财主走到歌德跟前的时候，嚣张地对歌德说：

"我从来不给傻瓜让路！"

面对财主的无礼讽刺，歌德不紧不慢，微笑着鞠了一躬，说：

"而我正好相反！"

说着非常礼貌地让到了路的一旁，让财主陷入了窘境。

歌德聪明地抓住了财主话中的逻辑错误。财主说"从不给傻瓜让路"，其潜在的逻辑就是对方是傻瓜就不让路，歌德则将错就错反用他的荒谬逻辑，变成了对方是傻瓜就让路，让财主自取其辱。

生活中，当有人攻击你的时候，只要不乱了方寸，认真分析，往往就能发现其话语中的错误，然后再顺着或者反用这个错误思维来反驳对方。

※ 用对比性语言反驳

1960 年 4 月下旬，周恩来总理为中印边界问题访问印度。在一次谈判中，印方提出一个挑衅性问题："西藏什么时候成为中国的领土的？"

周恩来说道："西藏自古以来就是中国的领土。远的不说，至少在元代，它就已经是中国领土的一部分了。"

印方耍赖说："时间太短了！"

周恩来说："中国的元代离现在已有700来年的历史了，如果700来年都被认为是短时间的话，那么，美国到现在只有100多年的历史，是不是美国就不成为一个国家呢？这显然是荒谬的。"

印方代表哑口无言。面对印方明显无理的话，周总理没有勃然大怒，而是不急不躁地运用了两个对比性材料来反驳对方的观点。700年与100年相比较，你要否认700年而要承认100年显然是站不住脚的。其结果是承认100年就必须承认700年。对比在这里产生了巨大的雄辩力。

在口语表达中，为反驳对方观点，不妨有意安排正反事例，运用不同性质材料的对比效果证明、强化、突出自己的观点。

※ 巧用修辞反驳

苏联作家马雅可夫斯基在一次演讲会结束后，与对他怀有敌意的发问者展开了争论。发问者说：

"您的诗太骇人听闻了，这样写诗是短命的，明天就会完蛋，您本人也会被忘却，您不会成为不朽的人。"

马雅可夫斯基答道："请您过1000年再来，那时我们再谈吧。"

问者又说："您说，有时应当把沾满'尘土'的传统和习性从自己身上洗掉，那么您既然需要洗脸，这就是说，您也是肮脏的了。"

诗人回答："那么，您不洗脸，就认为自己是干净的吗？"

问者又说："您的诗不能使人沸腾，不能使人燃烧，不能感染人。"

诗人答道:"我的诗不是大海,不是火炉,更不是鼠疫!"

这段对话不时引起人们阵阵掌声和笑声。诗人巧妙地运用了影射、讽喻、双关、比喻等修辞手法,使得自己的反驳充满了幽默感。诗人逐一反驳了对方的观点,给唇枪舌剑的争辩添上了诙谐的色调。

说话技巧:

1. 紧扣对方提供的逻辑思路向一个方向引申,以子之矛,攻子之盾。

2. 运用与对方一模一样的推理形式,坚持以其人之道还治其人之身。

3. 坚持对等原则,对方拐弯抹角,你也拐弯抹角,对方明火执仗,你也明火执仗,绝不退让也不升级。

针锋相对别人的有意刁难

难度系数：★★★

难度何在：

1．面对别人的有意刁难，保持平静和理智地说话，这是难点之一。

2．既要保住自己的面子，又不至于因回敬过头而显得无礼，如何说话才能把握好其中的限度，这是难点之二。

※ 巧用句读法

有一次，周恩来总理同国民党反动派辩论，在我方义正词严的雄辩面前，对方理屈词穷，进而恼羞成怒，气急败坏地叫嚷，同我方讲理是"对牛弹琴"！

周总理当即灵机一动，利用对方抛下的词语，将计就计，随即反驳过去：

"对！牛弹琴！"

周总理巧妙地利用句读，将成语"对牛弹琴"四个字中的第一个字断取下来，使介词活用成肯定性动词，自成一句，斩钉截铁，不容置疑。并且巧妙地将乱说一通的反动派所作出的辩论，比喻为如同牛弹琴一样。一个句读的巧用，蕴含着如此丰富的内涵，起到了痛击对方，使我方终于取得彻底胜利的作用。

"巧用句读"这一招需要具备对语言的娴熟的驾驭能力。这也是中国文字富有趣味性和智慧性的表现之一，有时明明相同的字，只因断句的不同，就会产生截然相反的意思。在对方有意刁难的时候，如果能巧用句读，使用与对方一样的文字，以其人之道，还治其人之身，将对方的话语推回去，就能收到出人意料之效。

※ 以退为进法

有一个常以愚弄他人为乐的人，名叫汤姆。这天早晨，他正在门口吃着面包，忽然看见杰克逊骑着毛驴过来了，于是他就喊道：

"喂，吃块面包吧！"

杰克逊连忙从驴背上跳下来，说：

"谢谢您的好意。我已经吃过早饭了。"

汤姆一本正经地说：

"我没问你呀，我问的是毛驴。"说完，得意地一笑。

杰克逊以礼相待，却反遭侮辱，汤姆显然是在有意刁难，杰克逊非常气愤，可是又难以责骂这个无赖。否则，无赖会说："我和毛驴说话，谁叫你来插嘴？"

这么一想，杰克逊倒是抓住了汤姆语言中的破绽。他猛然转过身去，找准毛驴脸上，"啪，啪"就是两巴掌，骂道：

"出门时我问你城里有没有朋友，你斩钉截铁地说没有。没有朋友，为什么人家还请你吃面包呢？"

然后对着驴屁股又抽了两鞭，说：

"看你以后还敢不敢胡说八道？"

说完，翻身上驴，扬长而去，留下自取其辱的汤姆在原地发呆。

杰克逊使用的方法就叫"以退为进"法。汤姆以和毛驴说话的假设来侮辱杰克逊，他就先退一步，姑且承认了汤姆的假设，然后借教训毛驴，来嘲弄汤姆和毛驴之间的"朋友"关系。

※ 相同思维反问法

一个英国电视台记者在采访梁晓声时，问：

"没有'文化大革命'，可能也不会产生你们这一代青年作家，那么你认为，'文化大革命'究竟是好事还是坏事？"

记者的这个问题，分明是在刁难。梁晓声机智地反问：

"没有第二次世界大战，就没有以反映第二次世界大战而著名的作家，那么你认为，第二次世界大战究竟是好事还是坏事？"

英国记者一怔，无言以对。

梁晓声没有对对方的刁难问题直接回答，而是采用了和对方一样的思维，再设了一个相同句式的问题反问对方，这样，巧妙地把球踢给了对方。

再如有一位享誉甚广的作家出身于木匠家庭，但他对此并不隐讳。有次，他碰见一纨绔子弟，后者对他十分嫉妒，高声问道：

"对不起，请问阁下的父亲是不是木匠？"

"是的。"作家回答。

"那为什么没把你培养成木匠？"

作家略作思索，笑着问道：

"对不起，那阁下的父亲想必是绅士了？"

"是的！"对方高傲地回答。

"那他为什么没有把你培养成绅士呢？"

作家在这里也巧妙地采用了和对方一样的逻辑。既然纨绔子弟认为什么样的父亲就该培养出什么样的儿子，就如法炮制了一个和对方一样的问题，让纨绔子弟碰了一鼻子灰。

※ 欲擒故纵法

美国前总统卡特竞选总统时，一位爱找茬的女记者采访他的母亲："你儿子说如果他说谎，大家就不要投他的票，你敢说卡特从未说过谎话吗？"

卡特的母亲平静地说："不，我儿子说过谎话。"

"说过什么谎话？"女记者喜出望外地追问。

"善意的谎话。"

"何谓善意的谎话？"

"你记不记得几分钟前，当你跨进我家的门时，我儿子说你很漂亮，见到你很高兴？"

面对记者来者不善、咄咄逼人的问话，卡特的母亲没有惊慌失措，她顺从记者话意，承认卡特说过谎，让记者大喜过望。殊不知，这是卡特母亲故意的纵。女记者果然中计，忙追问详细情况，卡特母亲话锋一转，对谎话加以限定，女记者依然不知是计，还在追问卡特母亲"何谓善意的谎话"，等卡特母亲解释清楚，女记者才知道怎么回事，她除了得到尴尬之外，别无所获。

在别人有意刁难时，欲擒故纵不失为化被动为主动的好方法。先有意地放松，解除对方的戒备心理，为能牢固地把握主动权打基础，等到对方上钩了，再予以反击，让对方措手不及，哑口无言。

※ 大智若愚法

1992 年的美国大选，克林顿的对手在电视大选上，攻击他不过是夫人的一只木偶，言外之意是克林顿做不了一家之主，更不够格做一国之主，这句话无疑潜伏着杀机。可克林顿却回答："不知你是竞选总统还是竞选克林顿夫人？"

这可谓是一句妙答，让故意来以此刁难克林顿的人无言以对。克林顿这种傻里傻气的话，其实是大智若愚，既回避了他人对自己的年龄太轻不能胜任总统的怀疑，又打击了对方对其夫人干政的担忧。

在日常生活工作中，如果有人在不是什么大是大非的原则问题上刁难你的话，你大可一笑了之，大智若愚，全当不懂对方的话，而让对方自讨没趣。

※ 请君入瓮法

一天，英国剧作家萧伯纳正坐在沙发上沉思，坐在他旁边的一位美国金融家对他说："萧伯纳先生，如果您让我知道您正在思考什么的话，我愿意给您一美元。"

金融家的话明显是在嘲笑萧伯纳的穷困，只听萧伯纳回答："啊，我的思考一美元也不值，我所思考的正是你！"

金融家本想以一美元来要笑萧伯纳，萧伯纳却巧妙地"接过"这廉价的一美元，设计了一个圈套，把它与金融家联系起来，使金融家成了最终被要笑的对象。

再如，诗人海涅是犹太人。有一天，一位年轻学者对海涅说："你知道在塔希提岛上最引起我注意的是什么吗？在那岛上，既没有犹太人，又没有驴子！"海涅听了，冷静地回答："不过这种状况是可以改变的——要是我俩一起到塔希提岛上，那时情形将会怎样呢？"

年轻学者面红耳赤，无言以对。

生活中，当对方蓄意说出一种使人难堪窘迫的话时，最好的解脱方法莫过于，巧用话语把对方也引入这种局面中，然后自身撤退，让对方自食其果，作茧自缚。

不宜说的话：

1. 恼羞成怒的话——必然激起对方的反唇相讥，由此陷入进一步的言语大战。

2. 拖泥带水的话——会让对方觉得你是一个软弱的好欺负的人，没准儿还会找机会再刁难你。

3. 火力过大的话——哪怕你使用了一定的言语技巧，也必须掌握好回敬对方的力度，否则，只会造成和恼羞成怒的反击的话一样的效果。

怎样回敬过分的玩笑

难度系数：★ ★ ★

难度何在：

1. 当有人对你开了过分的玩笑时，气氛往往比较尴尬甚至紧张，在这样的氛围中你如何保持说话的风度，是难点之一。

2. 如何回敬对方，才能既保住自己的面子，又不至于和对方大动干戈，是难点之二。

※ 借题发挥

某业余大学中文班开学第一天开了个座谈会。首先，学员们一个个作自我介绍。当轮到来自农村的牛力时，他刚说了句："我姓牛，来自乡下……"不知谁小声说了句："瞧，乡下小牛进城喝咖啡了！"一下子，许多人都笑起来了。牛力先是一愣，但很快就镇定下来，说道："是的，我是来自乡下的小牛。不过，我进城是来'啃'知识的，以便回乡下耕耘。我'吃的是草，挤出来的是奶和血'。我愿永远做家乡的'孺子牛'！"话音刚落，大家热烈地鼓起了掌，为牛力精彩的讲话喝彩。牛力用自己的机敏，顺着那位同学过分的玩笑话，引用鲁迅的名言，不但摆脱了尴尬的场面，而且表明了自己做人的准则，为自己赢得了喝彩。

当有人对你开的玩笑带有一定侮辱性质，而开玩笑的人又不是恶意刁难你的时候，如果你能顺着对方的话，再借题发挥一番，反而把他的话变成你用来夸奖自己的话，可谓是一种最机智的选择。这样既能避免自己的难堪，又不至于把和对方的关系弄僵。

※ 诱敌上钩

集市上，几个小贩摆着麻袋和秤杆，等着收购农民拿来的山货。一个老农民来到一个商贩面前，诚恳地问："老弟，灵芝菌一斤多少？"老农的本意是问一斤灵芝菌能卖多少钱，这是旁边的人都能听得懂的，问题是他少说了一个"钱"字。小商贩见老农两手空空，以为他是问着玩玩的，就想开开他的玩笑，开心开心。于是答道："一斤是十两，你连这都不懂？"旁观者们哄笑起来，使得老农很尴尬。不过他略一定神之后，开始反问小商贩："你做多久生意了？"

小商贩随口答道："10年了。"

老农哈哈一声，讥笑地说："亏你还是个生意人，人家问你多少钱你却回答多少两。我看你像个老生意人，才这么问的，哪里晓得你连'钱'都不懂，唉……"

老农故意拖长一声失望的口气，这回轮到小商贩被人哄笑了。当有人纯属恶意地开你的玩笑时，你当然需要毫不客气地回敬，诱敌上钩就是其中的一种技巧。它要求你先不动声色，不着急反驳对方，而是不紧不慢地诱惑对方进入你语言的圈套，在适当的时候，就反戈一击，让对方自取其辱。

※ 一语双关

有一伙人从某地火车站出来，到了车站广场的摊点上，想买两只烧鸡在旅途中吃。买主里有男有女，也都很年轻，他们买鸡时就想顺便开开老板娘的玩笑，从语言上占她一点儿便宜。他们说：

"嘿，你这摊上卖得还真全啊！还有野鸡呢，你这野鸡的肉香不香啊！想不到你们这地方还出这么漂亮的野鸡，这野鸡的肉多嫩呀！老板娘，你怎么个卖法呀，可不可以送货上门啊？"

说完后，他们一伙人都不怀好意地笑起来了。老板娘一听，当然清楚了这伙人的不良居心，但他们利用了语言上固有的多义性，形成了双关语，如果回骂他们，就会被指责辱骂买主，如果不回敬几句又很可能出现更难堪的场面。这时，只见老板娘撩起围腰，擦了擦手，把头发往后撂了一下，笑面含威，不卑不亢地说：

"我们这里不出野鸡，只加工野鸡，这里的野鸡都是用火车从外地运来的。运来的野鸡都是活的，所以稍不留神就会被野鸡啄着，这些东西毕竟是野物嘛，又不通人性，我们在加工野鸡时对那些野性大的野鸡先开刀，然后用开水烫，接着把它的毛扯光，趁热就开膛破肚，接下去就烧烤熏煮，买主需要时，我们还要把这些野鸡肉一刀一刀地砍成块。这几只野鸡都很嫩，所以我们加工时不太费劲儿，就弄好了。至于这肉香不香嘛，你们问你们这两位小妹，她们刚尝过了。如果你们吃着香的话，我可以优惠点儿卖，你们除了自己吃的，多余的带回去给亲朋好友，不是也算是帮我送货上门了吗？"

那些恶意开玩笑挑逗的人，听了这番滴水不漏的回答之后，直冒冷汗，只好强打精神说："好！够份儿，老板娘的货漂亮，人漂亮，说的话更漂亮。"说完以后还真乖乖地买了几只鸡走了。

那些开老板娘玩笑的人运用的是一语双关的话，老板娘以其人之道，还治其人之身，同样一语双关地回骂了对方，真是妙哉！

※ 反唇相讥

晚会上，一个年轻小伙子邀请一个女子跳舞，由于小伙子比较瘦小，女孩子不愿意跟他跳，不但如此，她还非常不礼貌地开了小伙子的玩笑："我不想跟孩子跳舞！"

这时场面十分尴尬，小伙子已经伸出的手停在了空中，如果不说点儿什么，很难下台。不过小伙子十分聪明，他收回已经伸出的手，道歉说："对不起，我不知道你正怀着孩子。"

女孩子的脸一下子红到了耳根。生活中一些尴尬的局面，完全是由于别人不敬的玩笑引起，如果你隐忍退让，只会被人看扁；如果针锋相对，又会把事情搞僵。这时不妨采用反唇相讥的办法，把对方开自己玩笑的话返回到他自己身上去，从而为自己争取主动。

※ 以实对虚

董某在单位作业务报告，报告结束后，有同事大声提问说："小庙容不了大和尚，像你这样才华横溢的人，我们公司不太适合你吧，你打算什么时候走啊！"

这个有些不适合在公众场合开的玩笑，显然有些过分，而且显得别有用心。小董却不慌不忙地说："作完报告就走，当然明天还来上班。"

台下响起一片热烈的掌声。同事的提问明显具有挑战性，董某当然不能直接回答，而如果不回答的话又有默认之嫌，如果直接否定，那万一以后有更好的工作机会，岂不是搬起石头砸自己的脚。回避才是最好的选择，但又不宜用直接拒绝的方式，那更会引起猜疑。于是他轻描淡写地回答一句"作完报告就走"，但两个"走"字的意思显然有天壤之别，前者虚指"离开职业环境"，后者则实指"离开空间环境"，故意地以实对虚，营造出一种幽默的气氛，至于别人如何理解就只能是纯属猜测了。

生活中，面对带有过分玩笑性质的提问，你不妨故意错位，从具体的生活细节着手，将大问题跳回到小问题，好像在回答对方提问，其实他又没得到什么实质性信息，这样的回答能让你避免窘境。

不宜说的话：

1. 唯唯诺诺的话——当别人恶意地开了你的玩笑，你却全盘接收，岂不让人更加觉得你好欺侮？

2. 针锋相对的话——尤其是在公众场合，你这样说话，容易引起更大的冲突！

3. 破口大骂的话——这样你反而会有失风度，无形中抬高了对方！

别人当众提出不便直接回答的问题

难度系数：★ ★ ★ ★

难度何在：

1．在众人面前提出某些难以回答的问题，被提问者难免有心理压力。

2．这种场合下，如果严词拒绝将有失风度，如果照实回答又心有不甘，这的确是一个两难选择。

※ 暂退一步 换位思考

1956 年在苏联共产党第二十次代表大会上，赫鲁晓夫作了"秘密报告"，揭露、批评了斯大林肃反扩大化等一系列错误，引起苏联及全世界各国的强烈反响。

由于赫鲁晓夫曾经是斯大林非常信任和器重的人，很多苏联人都怀有疑问：既然你早就认识到了斯大林的错误，那么你为什么早先没有提过不同意见？你当时干什么去了？你有没有参加这些错误行动？

有一次，在党的代表大会上，赫鲁晓夫再次批判斯大林的错误。这时，有人从听众席递来一张条子，赫鲁晓夫打开一看，上面写着：

"那时候你在哪里？"

这是一个不便直接回答的尖锐问题，赫鲁晓夫很难堪。他不想回答但又不能回避这个问题，更无法隐瞒这个条子，这样会使他更丢面子，让人觉得他没有勇气面对现实。他也知道，许多人有着同样的问题。更何况，这会儿台下成千双眼睛已盯着他手里的那张纸，等着他念出来。

赫鲁晓夫沉思了片刻，拿起条子，通过扩音器大声念了一遍条子的内容。然后望着台下，大声喊道：

"谁写的这张条子，请你马上从座位上站起来，走上台。"

没有人站起来，所有的人都吓得心怦怦地跳，不知赫鲁晓夫要干什么。写条的人更是忐忑不安，心里后悔刚才的举动，想着一旦被查出来会有什么结局。

赫鲁晓夫又重复了一遍他的话，请写条的人站出来。

全场仍死一般的沉寂，大家都等着赫鲁晓夫的爆发。

几分钟过去了，赫鲁晓夫平静地说："好吧，我告诉你，我当时就坐在你现在的那个地方。"

面对当众提出的尖锐问题，赫鲁晓夫不能不讲真话。但是，如果他直接承认："当时我没有胆量批评斯大林"，势必会大大伤了自己面子，也不合一个有权威的领导人的身份。于是赫鲁晓夫巧妙地即席创造出一个场面，借这个众人皆知其含义的场景来婉转、含蓄地隐喻出自己的答案。这种回答既不失自己的威望，也不让听众觉得他在文过饰非。同时赫鲁晓夫创造的这个场景还让所有在场者感到他是那么幽默，平易近人。

交际僵局出现时，往往是双方都觉得对方的言行不合适，这时，如果采取退一步思考问题的策略，把角色"互换"一下，就很可能轻松地打破僵局。

※ 反踢皮球，把难题还给对方

一次记者招待会上，记者问扎伊尔总统蒙博托说：

"你很富有。据说你的财产达 30 亿美元，是吗？"

显然，这问题是针对蒙博托本人政治上是否廉洁而来的。对于蒙博托来说，这是一个极其严肃而易动感情的敏感问题。勃然大怒或者直接坦白显然都不是理想的选择。蒙博托听了后发出长时间地哈哈大笑，然后反问道：

"一位比利时议员说我有 60 亿美元！你听说了吧？"

记者的提问是在暗示蒙博托的不廉洁，但他没有直接说，而是用引证的方式委婉提出的。如果蒙博托正言厉色地驳斥，在大庭广众之下未免太失一国元首的风度，如果他一本正经地解释恐怕也难澄清真相。于是蒙博托除了用"长时间哈哈大笑"这种身体语言来表示不屑一顾外，还使用了和那位记者一样的方法，即引用别人的话来表达自己的观点，蒙博托在此引用了比利时议员的话反问记者，似乎在嘲弄记者的孤陋寡闻，但实际上是以更大的显然是虚构的数字来间接地否定了记者的提问。这一招真叫以其人之道还治其人之身，把对方踢来的球又巧妙地踢回到了对方身上。

※ 避实就虚，故意拉扯话题

1974 年周恩来在医院会见泰国总理克力先生，当他们道别时，克力总理问：

"可以问最后一个问题吗？"

"请。"

克力含笑注视着周总理的前胸，开始说："这次访问贵国，我发现了一个小小的变化：人们几乎都不戴毛主席像章了。1971 年我来北京时，每个人都戴着像章。"

"这是您的问题吗？"

"不，"克力的笑容有些神秘，"问题是关于阁下您的。'文化大革命'开始时，人们都戴着毛主席的像章，而您只戴'为人民服务'的纪念章，即使是 1971 年'革命'最热烈的时候，您也如此，而在人们不戴像章的时候，您为什么还戴？您又为什么把'为人民服务'的纪念章换成了毛主席像章？"

总理说："克力先生对中国的像章很有兴趣。我知道您想要这枚像章，送您了。"

克力总理的问题其实是想知道周总理对中国政局变化的明确态度，这是一个敏感的政治性问题，他以周总理胸前佩戴的像章发生变化为理由，从侧面向周总理诱导询问。聪明的周总理当然明白他的言外之意，但这种问题显然是不能直接回答尤其是不能当着外国首脑的面回答的，于是总理避实就虚，故意把话题拉到这枚像章上来，并慷慨相送。这时，哭笑不得的克力除了接受这份意外的礼物外还能说什么呢？

某些公众场合下，有人会别有用心、话中带话地提出一些尖锐问题。这时正好可以利用对方"话中有话"的特点，避实就虚，装作只听明白了他的字面含义，然后按照这种字面含义的问题回答，从而把话题从尖锐问题上引开，这样就能避免难堪了。

不宜说的话：

1. 照直回答的话——这种场合，提问的人期望的就是你的坦白回答，可千万不能中对方的计。

2. 懦弱怯场的话——提出不便直接回答的问题的人一定是来者不善，如果你的回答懦弱，只会助长他的气焰。

3. 严词拒绝的话——公众场合严词拒绝别人的提问，有失风度。当然如果对方的问题实在让你无法忍受，除了这种办法别无选择，你就说出严词拒绝的理由吧。

即兴吐玉，笑答公众提问

难度系数：★★★★

难度何在：

1. 在公众场合中被提问，人总是存在着一定程度上的紧张心理。

2. 面对一些敏感问题、不宜透露的问题，或者对方故意刁难的问题，该如何应对，才能既回答了对方的问题，又不破坏和谐的气氛，这是难点所在。

※ 李代桃僵法

周恩来总理在北京的一次记者招待会上，介绍了我国经济建设成就和对外方针之后，请记者们自由提问。

一位西方记者问："请问，中国人民银行有多少资金？"这个问题既是讽刺我国经济贫乏，又涉及国家机密。

周总理回答说："中国人民银行货币资金嘛，有18元8角8分。"这一回答使全体记者愕然。

周总理接着说："中国人民银行面额为10元、5元、2元、1元、5角、2角、1角、5分、2分、1分，共10种主辅人民币，合计为

18元8角8分。中国人民银行是中国人民当家做主的金融机构，有全国人民做后盾，信用卓著，实力雄厚，它所发行的货币，是世界上最有信誉的一种货币，在国际上享有盛誉。"

在这里，周总理巧妙地把提问中的中国人民银行资金总额转换为中国人民银行发行的货币面额，来了个移花接木，李代桃僵。这样，既拒绝了对资金总额问题的回答，又不破坏招待会的和谐气氛。

在公众场合尤其是记者招待会上，对方提了不适宜回答的问题时，我们就可以采用"李代桃僵"法，将对方提出的问题转化为相近似的问题再回答。

※ 异常思维法

在一次选美大赛的决赛上，主持人问一位小姐：

"如果让你选择结婚的对象，一个是举世闻名的音乐家肖邦，一个是臭名昭著的法西斯分子希特勒，你会选择谁?"

"我会毫不犹豫地选择希特勒！"小姐的回答出乎所有人的意料。

"如果我嫁给了希特勒，"她接着回答："我会用爱去感化他，让他变成一个仁慈的人。这样第二次世界大战就可以避免，无数人就不用受苦难了。"

这位机智的小姐给了大家一个意外的答案，而且将答案解释得合情合理，为自己的决赛赢得了关键的一分。这种异常思维的回答技巧，往往会收到常规回答所起不了的好效果。在公众场合被提问时，如果绕开平常思维，给大家一个出乎意料的回答，又能自圆其说的话，就能带给大家惊喜。

※ 针锋相对法

在一次国际会议期间，一位西方外交官非常傲慢地对中国代表提出一个问题：

"阁下在西方逗留了一段时间，不知是否对西方有了一点儿开明的认识？"

显然，这位外交官是以傲慢的态度嘲笑我国代表的无知。

我国代表淡然一笑回答道："我是在西方接受教育的，40年前我在巴黎受过高等教育，我对西方的了解可能不比你少多少。现在请问，阁下你又对东方了解多少？"

对我国代表的提问，那位外交官，茫然不知所措，满脸窘态，其傲气荡然无存了。显然，我国代表所提出的问题，那位自以为是的西方外交官是无法回答的，因为他不了解东方的情况，因而不但没有显示自己丰富的知识，反而暴露了自己的无知。

在一些公众场合，有些人会带着明显的恶意提问题，这时候，如果不针锋相对地予以反击，就会丢自己的颜面。针锋相对有两个难点：一个是找准对方的弱点或者对方话语中的漏洞予以反击；另一个是必须把握好针锋相对的限度，否则只会破坏公众场合所必需的和谐的氛围。

不宜说的话：

1. 直白拒绝的话——在公众场合直白拒绝，会把对方推向难堪的境地。

2. 犹豫不决的话——公众场合尤其需要快速的反应能力，如果你的回答支支吾吾，只会给公众留下木讷的印象。

3. 反击过头的话——对方提了不怀好意的问题，不要一味嘲讽、打击对方，甚至侮辱对方的人格，这样的话在公众场合尤其应该避免，因为这只会自损形象。

怎样应答左右为难的问题

难度系数：★★★

难度何在：

1．很多时候，问这种问题的人总是别有用心，话中有话，听出对方的话外之音，是难点之一。

2．回答这种问题，"左"也不是，"右"也不是，该如何选择，是难点之二。

3．如果问题来自于你不能得罪的人，或者在公众场合被问到，就会让你的回答难上加难。

※ 迂回出击法

有一回，乾隆皇帝想开个玩笑以考验著名才子纪晓岚的辩才，便问纪晓岚："纪爱卿，'忠孝'二字当作何解释？"

纪晓岚答道："君要臣死，臣不得不死，是为忠；父要子亡，子不得不亡，是为孝。"

乾隆立刻说："那好，朕要你现在就去死。你怎么办？"

这实在是不好回答的问题，若回答不去死，则属违抗圣旨；回答去死，未免太冤。怎么回答呢？纪晓岚灵机一动，有了主意，说道："臣领旨！"

"你打算怎么个死法？"

"跳河。"

"好吧！"乾隆当然知道纪晓岚不可能去死，于是静观其变。不一会儿，纪晓岚回到乾隆跟前，乾隆笑道："纪卿何以未死？"

"我碰到屈原了，他不让我死。"纪晓岚回答。

"此话怎讲？"

"我去到河边，正要往下跳时，屈原从水里向我走来，他说：'晓岚，你此举大错矣！想当年楚王昏庸，我才不得不死；可如今皇上如此圣明，你为什么要死呢？你应该先回去问问皇上是不是昏君，如果皇上说他跟当年的楚王一样是个昏君，你再死也不迟啊！'"

乾隆听后，放声大笑，连连称赞道："好一个如簧之舌啊！"

这里，乾隆是根据纪晓岚提出的"君要臣死，臣不得不死，是为忠"之论叫他去死，此令顺理成章，纪晓岚怎样回答都很难，于是聪明地采用了迂回出击的办法，到最后，反把难题留给了皇上。乾隆当然不能承认自己是昏君，所以，纪晓岚很自然地把自己从"死"局中解脱出来。这一招，既没有损害乾隆面子，又点出了他的无理之处，还博得了皇帝的夸奖。

现实生活中对于一些不能得罪的人提出的难题或者无理的要求，不要急于做正面的反击。这时，可以采取迂回的技巧，避免与对方正面冲突，在抓住对方的漏洞的前提下，再不动声色地反击，从而反败为胜。

※ 回避正题法

一个美国客人在毛主席的故乡韶山参观后，在一家个体户饭店吃饭，老板娘的一手正宗湘菜让美国游客吃得津津有味。他在付钱时，看到老板娘家境富裕，突然问道：

"老板娘，如果你的老同乡毛泽东还在，会允许你开店挣钱吗？"

这摆明了是明知故问，美国客人的用意就在于让老板娘做出"不会允许开店"的回答，来否定毛泽东的历史功绩。如果老板娘这样回答了，正中他下怀，如果老板娘回答"会允许开店"，又明显与历史不符。总之，无论是肯定回答还是否定回答，都不妥当。

只听老板娘略做思考后，回答道：

"没有毛主席他老人家，我早就饿死了，还能开什么店啊？如今，邓小平接了班，党的富民政策好，日子越过越美好！"

好一个令人折服的回答。老板娘回避了正题，使用了模糊的语言，巧妙回答了美国人的问题。一方面没有怠慢国外游客，另一方面又维护了毛主席的威望，同时还赞扬了如今的富民政策。

这种回避正题的模糊回答，比较适合用于那些不宜完全根据对方的问题来答话的场合，它的关键在于，巧妙避开对方问题中的确指性内容，让对方感觉到你没有拒绝他的问题，但又不是他期望的答案。

※ 巧妙对比法

中国和以色列建交后，以张贤亮为团长的中国作家代表团应邀首次访以。其间，以色列仅有的两家电视台同时以直播的方式对张贤亮进行了采访。眼看节目就要顺利结束时，主持人突然问道：

"张贤亮先生，你是一名共产党员，近来你以作家的身份走访过很多西方国家，请问，经过比较，你究竟是认为资本主义好还是社会主义好？"

好一个突如其来的刁钻问题！面对这种"选择疑问句"的问题，如果断然拒绝或反唇相讥，则有失礼仪；如果正面回答，则不论是说资本主义好还是说社会主义好，要么就是有损中国人形象，要么就会激起对方国家民众的反感。

张贤亮稍做思考，答道："这个问题对一个共产党员来说不成问题，历史唯物主义者不会做这种比较。因为我们共产党人认为社会的发展是一个自然的流程，原始共产主义社会以后是奴隶社会，奴隶社会以后是封建社会，当封建社会的生产力发展到一定程度时，就被资本主义社会所代替。同样，资本主义社会的生产力高度发展以后，就会自然地出现社会主义社会。这就像春天以后是夏天，夏天以后是秋天，秋天以后是冬天一样。你能比较到底是春天好还是夏天好，或说是秋天比冬天好。每个季节都有它的好处和特点，不管人认为好不好，每个季节必然要来临，你也必须去适应它，度过它的。"

主持人听了还不罢休，又问：

"请问，你是个共产党员，这如何解释？"

面对对方的紧追不舍，张贤亮款款而言："不错，这个共产党员还是个资本家。这是由我们现在所处的历史阶段决定的。譬如说我在冬天的时候，必须在身上多穿一件衣服，可是到了春天，不需别人说，我自己就会把衣服脱掉一件的。"

在这个左右为难又非常敏感的问题前，张贤亮以其超人的睿智和处乱不惊的应变能力渡过了难关。他有关"自然流程"的解释，简明扼要地道出了社会发展的一般规律。而两个精到的类比，将社会发展规律与四季更换以及"穿衣""脱衣"这些和人们生活密切相关的东西联系起来，真可谓精彩。他始终没有正面回答对方的问题，但又用这种巧妙的比喻表明了自己的态度。

有些问题，如果直接回答，无论是哪种答案都不妥，这时，巧用对比不失为一个解脱的办法。最好能选用一些人们熟悉的事物对比，重要的是这些事物还恰恰能包含或说明自己的观点或态度。

不宜说的话：

1. 反唇相讥的话——对方问这种问题，固然有失妥当，但如果你反唇相讥（尤其是在公众场合）将有失风度。

2. 非"左"即"右"的话——如果你在对方问题所提供的选择中做了单一选择，无论是"左"还是"右"，都正中了对方的"圈套"。

面对隐私问题怎么回答

难度系数：★ ★ ★

难度何在：

如何说话，才能既不泄露自己的隐私，又不直接拒绝对方的提问而造成不愉快，这就是难点所在。

※ 答非所问

菲律宾前总统科拉松·阿基诺，人称科丽。在出席一次记者招待会时，记者问她有多少件旗袍礼服，科丽不假思索地回答：

"我所有的旗袍礼服，都是第一流服装设计师奥吉·立德罗为我设计的。你知道吗？她经常向我提供最新流行的服装样式。"

别人问数量，她却回答是谁设计的，这样回答明显地文不对题，然而，那位记者却知趣不再追问了。

对于这类无聊的隐私问题，你完全可以采取答非所问的方法来应付，表面上是回答了，可回答的不是提问者的问题，如果对方知趣的话，自然就不会再追问。

※ 似是而非

有一位女名人准备与一位考古学家结婚，朋友问："你为什么会选择考古学家？"她一本正经地回答：

"对一个女人来说，选择考古学家做丈夫是最明智的选择，因为这样一来，她就不用担心衰老，考古学家对越古老的东西越感兴趣。"

这位女名人的话乍一听，好像挺有道理，但细细一想，才发觉十分荒谬。但这样回答既照顾了朋友的面子，又保护了自己的隐私。

似是而非的回答往往让那些爱探听隐私的人无功而返，它的奇妙之处就在于听上去你像是在回答对方的问题，但其实并不是对方想要的答案。

※ 猜哑谜

歌手毛阿敏演唱了乔羽作词的《思念》之后，一次问乔羽："歌是我唱的，可你倒说说，那只蝴蝶究竟是谁啊？"乔羽笑了笑，道："反正不是你，别人说的，都是杜撰。各人有各人的蝴蝶。我可管不了。"

其实，人们都知道那首歌中的"蝴蝶"是有隐喻的，可问题是涉及作者的隐私，他理所当然地不愿正面回答。于是作者巧妙地在关键词"蝴蝶"前加注"各人有各人"这一模糊性定语，从而将"水"搅浑，让对方陷于猜谜似的迷魂阵中，将那令人难以捉摸的哑谜留给了对方。

这种方法，应答时要对关键词加上某些限制语或修饰性词语，有意地使问题变得不可思议、更加模糊，从而达到有效地回避隐私性内容的目的。

※ 变换角度

1992 年 10 月，日本天皇和皇后在上海访问期间同上海交通大学学生交谈时，一个学生问："听说天皇和皇后是在网球场上相识的，那么谁的球艺高呢？"当着皇后的面，要天皇回答这个明显属于天皇和皇后两人之间隐私的问题，不免有些唐突，搞得接待人员都很紧张。然而天皇却对这个问题游刃有余：

"男女是有差别的，如果是女子网球比赛，那皇后的水平是不错的。"

在这个例子中，天皇并不对自己与皇后的球艺孰高孰低直接进行评判，而是另辟蹊径，从"男女是有差别的"这个角度作答，既巧妙地回答了学生冒失的提问，又不至于使皇后和那位学生感到难堪。生活中，被人提到类似的隐私问题时，也不妨效仿一下这位天皇的回答技巧，不从对方思维的角度回答他的问题，而是自己另外发掘角度，让对方跟着自己的思维走。

※ 曲解法

美国畅销书作家丹尼尔·斯蒂尔，一次在外地旅行时遇到了一位同乡人，对方很想知道她的经济情况的底细，于是问她是在哪里高就，女作家回答道："银行。"对方追问："银行哪个部门？"他的意思是指银行的具体部门，可丹尼尔回答：

"就是专门取钱的那个部门。"

由于问题涉及丹尼尔的具体职业这样的个人隐私，因此她不愿回答，便临时来了个诠释概念的方法来取代答话的内容，即以"银行的职能"之一"取钱"，来代替了对自己的具体工作"会计"的回答，从而曲折而含蓄地挡开了对方对自己隐私的窥探。

这种方法常用于对对方提问有明显的反感时，它以对方提及的某个概念为出发点，再有意地曲解，发挥和阐释一番，从而将实质性的答案消融在一片云遮雾障的"诠释"之中，又不至于使对方太过失望。

※ 绕圈子

一次周末晚会上，一男青年对一妙龄少女纠缠不休，不停地打听她的隐私，于是他们之间发生这样一次对话：

男："我好像在哪儿见过你，你贵姓？"

女："我姓我父亲的姓。"

男："那你父亲姓什么？"

女："当然姓我祖父的姓了。"

男："你是干什么工作的。"

女："干'四化'的。"

男："你家住哪儿？"

女："地球。"

男："你家几口人？"

女："和我们家自行车一样多。"

的语言环境，然后迫其就范，这是一种应变的智慧。

※ 直言相告

有一位姓郑的女士因公出差，在火车上和旁边的一位看起来挺有涵养的男士交谈起来。谁知，谈着谈着，男士突然话题一转，问了一句：

"你结婚了吗？"

郑女士一听顿时心生厌恶，于是她态度平和地对那位男士说：

"先生，我听人说过这样一句话，前半句是'对男人不能问收入'，所以我一直没打听你的收入；后半句是'对女人不能问婚否'，所以，你这个问题我是不能回答了。请你原谅！"

那位男士听郑女士这么一说，也觉得自己问得太唐突了，于是不好意思地笑了。

有时候，对方打听你的隐私时，你可以开门见山，指出对方问话的不当，直言相告以表达自己的不满。

※ 避实就虚

著名影星孙飞虎，因为多次在影片中出神入化地扮演了蒋介石的艺术形象而蜚声影坛。一位久慕"委员长"的香港记者专程去拜访他。这位记者走进孙飞虎的客厅，对其简陋的设施简直难以置信，脱口而出地问道：

"依您的身份、地位、名声，如果在香港，早已是拥有几幢别墅、最豪华设施、最高级轿车的白领阶层、富豪了。可是您为什么会住在这又高又简易的五楼？"

这种涉及隐私的问题，一时很难说清楚，回答不好，反而会使双方都感到尴尬。孙飞虎眉头一皱，幽默上了：

"夫人，高高在上不正是体现我身份高贵、优越的标志吗？"

这里，孙飞虎诙谐地将自己住的楼层之高与他曾扮演的蒋介石地位之高连接起来，这一避实就虚的回答，既避免了尴尬，又活跃了谈话氛围，显示了他的机敏与风趣。

锦囊妙语：

1. 夸大其词的话——比如，问："你终于找到工作了！他们给你多少钱？"答："哦，我想他们说大概一百万吧。"

2. 推而广之的话——比如，问："为什么你的儿子转学了？学习上有问题吗？"答："许多这样年纪的孩子在这个时候都有问题。"

3. 改变话题的话——比如，问："你不再节食了？"答："我不知道节食是否有用。我看到新出的一本书说，最有效的减肥办法是每天散步一个小时。"

4. 暗度陈仓的话——比如，问："你一个月的收入有多少？"答："我们公司的待遇是与工作的好坏挂钩的，你积极肯干，收入就高；你懒散懈怠，收入就低。"

自圆其说化尴尬

难度系数：★ ★ ★ ★

难度何在：

1. 说错话的时候，难免尴尬，尤其是在公众场合的失言，可能会给自己造成极大的紧张心理，如果不及时弥补，将会贻笑大方或者使局面不堪收拾。

2. 这种境况下，怎样把话说圆滑让自己摆脱尴尬，不仅需要临危不乱的心理素质，更需要机智高超的说话技巧，这是真正的难点所在。

※ 将错就错

某大学一次智力竞赛抢答会上，主持人问："'三纲五常'中的'三纲'指的是什么？"一个女生抢答道："臣为君纲，子为父纲，妻为夫纲。"话音未落，全场已经哄堂大笑，女生意识到自己恰好把三者都说反了！

这时，女生立刻补充道："笑什么，我说的是'新三纲'。"

主持人问："何为'新三纲'？"

女生进行了一番精彩的解说："现在，我们人民当家做主，是主人。而领导者不管官多大，都是人民的公仆，岂不是臣为君纲吗？当前，计划生育，一对夫妻只生一个孩子，这孩子成了父母的小皇帝，这岂不是子为父纲吗？现在，许多家庭中，妻子的权力远远超过了丈夫，'妻管严''模范丈夫'比比皆是，岂不是妻为夫纲吗？"

好一个"新三纲"！话音刚落，刚才的哄堂大笑立刻变成了热烈的掌声。大家为她的言论创新叫绝，更为她的应变能力叫好。

这个女生可能因为紧张，把"三纲"答反了，但她没有一本正经地道歉再把正确答案说出来，而是巧妙地将错就错，愣是把自己的"新三纲"说得头头是道，其中又不乏富有现代气息的幽默解说。这一招儿不但使她摆脱了自己言语失误的窘境，也为自己赢得了听众的赞赏。

※ 借题发挥

一个刚毕业的大学生去一家合资公司求职，一位负责接待的先生递过名片，大学生神情紧张，匆匆一瞥，脱口而出："腾野木石先生，您身为日本人，抛家别舍，来华创业，令人佩服。"那人微微一笑："我姓腾，名野拓，地道的中国人。"

大学生顿时面红耳赤，无地自容。幸亏，反应得快，短暂的沉默后，连忙诚恳地说道："对不起，您的名字让我想起了鲁迅先生的日本老师——藤野先生。他教给鲁迅许多为人处事的道理，让鲁迅受益终生。今天我在这里也学到了难忘的一课，那就是'凡事认真'，希望腾先生在以后的工作中能时常指教我！"腾先生面带惊喜，点头微笑，最后这位大学生如愿以偿地被录用了。

这位大学生的错话已经出口，在简单地致歉后，便立刻聪明地转移了话题，有意借着对方的名字再加以发挥，巧妙地将话题引向了鲁迅的老师藤野先生，既消除了望文生义将对方误作日本人的尴尬，又语义双关，诚恳地检讨自己的不认真，同时又不失时机地暗示了愿在该公司服务的愿望，真可谓一语三得！

不难看出，借题发挥，妙在一个"借"字，难在一个"发挥"上，借什么样的"题"，如何发挥，这是关键所在。它不是不动声色地续接错处，而是有意地凸现错处，借机大做文章，为自己的话找寻到最佳效果的解释。

※ 就地取材

在湖北农村有个风俗习惯，家里来了贵客，以鸡蛋为敬。有位老汉来妹妹家做客。刚巧在外地读书的外甥女也在家，她主动为舅舅烧火煮蛋。谁知端到桌上，她舅舅拿着筷子迟迟不吃。她妈一看，糟了，舅舅碗里是6个鸡蛋。这是当地人最忌讳的，它的谐音是"禄断"。妈妈责怪女儿说：

"你怎么能给舅舅6个鸡蛋呢？你知道念起来是什么音吗？"

女儿毕竟是聪明人，一下子明白了含义。怎么办呢？只听她脑子一转，从容不迫地说：

"您怎么那样看呢？依我看，一个鸡蛋一个椭圆体，满满的红心白肉。6个鸡蛋象征舅舅已经稳稳妥妥，圆圆满满地度过了60几个春秋。这就是福，合起来就是有福有禄。我再敬舅舅一个鸡蛋。"

说着从自己碗里夹过一个鸡蛋给舅舅，说：

"祝舅舅健康地进入 70 岁高龄。等到舅舅 70 岁生日时，我再来敬鸡蛋，祝舅舅健康长寿。"

一席话，说得舅舅眉开眼笑，妈妈的尴尬也烟消云散。

在特定的环境中，你说错了话或做错了事，又没有别的办法可以弥补时，你就不妨顺着这个既定的话题大做文章，就地取材，看当时情境中有没有可在自己的话中借用的事物，尽量把自己的失误往美好吉祥的一面解释。

锦囊妙语：

1. "这是某些人的观点，我认为正确的说法应当是……"——这叫移植法，就是把错话移植到别人头上，这样能把自己已出口的某句错误纠正过来。

2. "然而正确的说法应是……""我刚才的那句话应做如下补充……"——这叫转折法，就是用一个转折的连词迅速把错误言词引开，把正确的话说出来。

3. "说这样的话我深感遗憾，我向大家道歉。"——这叫坦率道歉法，是最简单也是最保险的说话方法，有时候公开道歉比犹抱琵琶半遮面的掩饰来得高明。

自嘲，给自己搭个台阶

难度系数：★★★

难度何在：

1. 当自己有可能被人嘲笑的缺点或者处于可能让自己尴尬的场景时，心理总难免紧张，这是难点之一。

2. 高明的自嘲，能让自己摆脱别人的嘲笑，又不至于让别人觉得连你自己都把自己贬得一无是处，如何说话才能把握好这个度，是难点之二。

3. 自嘲的话也讲究场合的选择，在不适宜自嘲的地方自嘲，可能效果适得其反，如何区分各种场合，是难点之三。

※ 先发制人

1862 年的一天，美国著名黑人律师约翰·马克将上台演讲。会前他被告知，听众绝大多数都是白人，而且不少人对黑人怀有成见。于是他临时决定放弃原来的开场白，而从一开始就从争取听众入手。他这样开始了他的演讲：

"女士们，先生们，我到这里来与其说是发表演讲，不如说是给这一场合增添点儿'色彩'。"

听众大笑，气氛活跃起来，对立的情绪在无形中被笑声驱散。尽管他后面的演说言辞激烈，但会场秩序始终很好，取得了巨大的成功。这就是演讲史上的著名篇章——《要解放黑人奴隶》。

生活和工作中，任何人都不可能被别人完全了解。对某类问题甚至某类人怀有或多或少的非善意的偏见，是人性中难以避免的事情。偏见像堵墙，能隔离友好和理解，带来的却是误会和矛盾。如果妙用自嘲法，消除对方的偏见，就能为双方的正常交流打开通道。尤其是在别人对你攻击之前，你若能先发制人，自揭伤疤，主动用不乏幽默的自嘲的话把可能被人嘲笑的地方说出来，倒可能既解除了自己的心理压力，又让对方觉得了你的坦诚与可爱，从而缩小双方的交际距离。这招用在与对方初次打交道时，往往会有奇效。

※ 借题发挥

1992 年，中央电视台节目主持人杨澜在广州演出。不料在她走下舞台时，不慎摔倒在地。这时，观众都呆了，场面迅速冷下来，所有的人都等着看杨澜如何收场。只见杨澜镇定地站起来，然后面向观众，说：

"真是马有失蹄，人有失足啊。看来这次演出的台阶不是那么好下呢。不过台上的节目非常精彩，不信，你们瞧——"

杨澜这一番即兴的精彩演讲折服了观众，她的话音刚落，热烈的掌声就响起来了。她偶然的失误让自己身陷困境，可她的智慧言语却为她挽回了面子。她的高明之处就在于用自嘲的话对自己的失误进行了巧妙渲染，又借着"演出"这个题进行了发挥，然后迅速将观众的注意力转移到下一个节目中去，这样短短两句话，天衣无缝地为自己搭好了台阶。试想在这样一个轻松的演出场合下，杨澜如果一本正经地为自己的失误向观众道歉，该有多煞风景！

当因为你自己的原因出现尴尬时，最不好的选择是无动于衷或者竭力回避，最好的选择是随机应变，联系当时所处的具体场景，借题发挥，用自嘲的方式加以化解。

※ 曲径通幽

一位诗人去某大学做演讲，在随后的听众提问中，有个学生问他：

"你是如何看待从事纯文学创作的人在当今社会中的处境？"

这个学生的言下之意是，在当今这个一切向钱看的社会中，从事纯文学创作的人如何面对贫穷。诗人回答：

"就我个人而言，我之所以能写作并坚持下去得感谢我的妻子，她开了一家小饭馆，于是我一家人的吃饭问题就解决了。"

他的回答中包含着辛酸和无奈的感情，但这样回答一个大学生的提问，比直接把自己的贫穷展示出来再来一番直抒胸臆的感慨，给人留下的印象要深刻得多。

有些场合，一些自揭短处的话或者诉苦和表达不满的话不适宜直接说出来，最好能够通过自嘲的方式曲径通幽，这样既让对方听明白了你的苦衷，又不会觉得你是一个怨天尤人的人。

※ 解除尴尬

20世纪50年代初，有一次美国总统杜鲁门会见麦克阿瑟。这人是一位十分傲慢的将军。会见中，麦克阿瑟拿出他的烟斗，装上烟丝，把烟斗叼在嘴里，取出火柴，当他准备划燃火柴时，才停下来，转过头看看杜鲁门总统，问道：

"我抽烟，你不会介意吧？"

显然，这不是真心征求意见，在他已经做好抽烟准备的情况下，如果对方说他介意，那就会显得粗鲁和霸道。这种缺乏礼貌的傲慢言行使杜鲁门有些难堪。然而，他只是狠狠地盯了麦克阿瑟一眼，自我嘲讽道：

"抽吧，将军。别人喷到我脸上的烟雾，要比喷在任何一个美国人脸上的烟雾都多。"

由此可以看出，在交际中，当对方有意无意地触犯了你，把你置于尴尬境地的时候，借助自嘲摆脱窘迫，是一种适当的选择。这样既能使你的自尊心通过自我排解的方式受到保护，不至失去平衡，而且还能体现出说话者的大度胸怀，有助于在交际中"得分"。

不宜说的话：

1. 过度贬损自己的话——动不动就把自己说得一无是处，只会降低自己的人格和在别人心目中的威信。

2. 不分场合自嘲的话——在庄重严肃的场合下说自嘲的话，最好三思而后说，否则与气氛不合，反倒弄巧成拙。

不让别人的失言造成自己的难堪

难度系数：★★★★

难在何处：

1．别人无意中说了让自己陷入窘境的话，心情肯定不好，在这种心态下容易说出同样不适当的话。如何说话才不让自己受心情的不良影响，这是难点之一。

2．什么样的话才既让自己摆脱窘境，又不让无意伤害自己的对方难堪，这是难点之二。

※ 佯装不知，避实就虚

实习期间，一位实习老师在黑板上刚写几个字，学生中突然有人叫起来："老师的字比我们李老师的字好看！"

真是语惊四座，幼稚的学生哪能想到，此时在教室后排坐着的班主任李老师该多么难堪！对这位实习生来说，初上岗位，就碰到这般让人难堪的场面，的确让人头疼，以后怎样同这位班主任共度实习时光呢？怎么办？转过身来谦虚几句，行吗？不行！把学生教训几句吗，更不行！这位实习生灵机一动，装作没有听到，继续写了几个字，头也不回地说："不安安静静地看课文，是谁在下边大声喧哗！"此语一出，后座的李老师紧张尴尬的神情，顿时轻松了许多。

这里的实习老师就是巧妙运用了"佯装不知"的技巧，避实就虚，避开"称赞"这一实体，装作没有听清楚，而攻击"喧闹"这一虚像。既巧妙地告诉那位班主任"我根本没有听到"，又敲打了那位学生的称赞兴致，避免了学生误以为老师没有听见可能再称赞几句，从而再次造成的尴尬局面。

"佯装不知"，就是指对别人的话装作没有听见或没有听清，以便避实就虚、猛然出击的说话技巧。它的特点是：说辩的锋芒主要不在于传递何种信息，而是通过打击、转移对方的说辩兴致使之无法继续设置窘迫局面，从而化干戈为玉帛。在人际交往中，这种技巧使用的场合很多。当别人无意中说了让你尴尬的话，"佯装不知"就不失为一种好办法，关键在于要表现得自然。

※ 请君入瓮，转移注意力

王刚是一家企业的技术人员，女友陈露是大学老师。为了缩短与女友的距离，王刚很注意强化自身的文化修养，平日里给人留下的印象总是彬彬有礼、温文尔雅。

有次陈露的同学聚会，要求带上各自的恋人前往，参加舞会。她与王刚精心打扮了一番，以一对郎才女貌的佳偶形象出现在同学们面前。当舞会开始时，大家都成双成对地滑入了舞池。跳舞是王刚的强项，他当然想抓紧时机在恋人面前好好表现一番。正当他俩跳得入情时，附近的一对舞伴向他们靠过来，其中的那位先生无意中踩了王刚一脚，一时没把握住平衡还倒在了他身上。舞兴正浓的王刚突然受到这一"冲击"，大为恼火，一改往日的君子风度，脱口而出："你他妈的眼睛瞎啦！连个中四都不会跳，猪啊！"王刚的声音过大，从而引来了很多人的围观。

为男友的粗鲁无礼而羞得满脸通红的陈露真恨不得找个地缝钻进去，但面对越来越多的人，她已无法脱身。于是，她镇定地问王刚："喂，我发现你最近有特异功能了。"一向得意自信的王刚不知是计，奇怪地问："是吗？你从哪儿看出来的？""我发现你嘴里说出来的话越来越粗呀。"大家经陈露这么一调侃，不禁转移了话题，紧张不和谐的气氛随之消解。

试想，如果陈露当众责备王刚，则太不顾及男友的面子；如果不了了之甚至帮着男友说话，又会让两人都更加难堪。于是陈露巧用了"请君入瓮"的说话技巧，对于王刚，陈露的"特异功能"是诱惑他"入瓮"的诱饵，最后的话表面听来是嘲笑王刚不会说话，实际上是陈露对他态度粗鲁无礼的批评。只不过，没有用直接的话语当众批评。一句调侃，既表达自己的不满，又化解了场面的尴尬，真乃一语两得。

※ 找个理由，给对方铺好台阶

有一次，著名演员新凤霞和丈夫举办敬老晚宴，请了文艺界许多知名前辈。时年 90 多岁的著名画家齐白石在看护的陪同下也前来参加。

老人坐下后，就拉着新凤霞的手目不转睛地盯着她看，看护带着责备的口气对齐老说："你老盯着别人看什么呀！"老人不高兴了，提高音量说："我这么大年纪了，为什么不能看她？她生得好看！"说完老人气得脸都红了，弄得大家都很尴尬，尤其是作为东道主的新凤霞，如果不处理好的话，恐怕晚宴的气氛就要被破坏了。这时只听她笑着对齐白石说："您看吧，我是演员，不怕人看。"在场的人都笑了，气氛缓和下来。

在这里，新凤霞巧妙地给齐白石找了个理由，以"自己是演员"来解释老人家行为的合理性，从而顺利地给齐老铺好了台阶，也让自己举办的晚宴得以顺利进行。很多时候，人们是因为在某一场合说了不适当的话或做了不适当的事，才导致了尴尬的产生，而旁人如果直接指出，则只会使场面更难堪。这时最好的办法，莫过于换一个角度给他的言行举止找一个恰当的理由，以此证明对方有悖常理的举动在此情此景中是无可厚非的。

※ 自我调侃

小李个子矮小，年近三十还没找到女朋友。一天午休时间，同单位几个爱说长道短的同事在办公室里调侃开了："他呀，三等残废，现在的女孩哪个能相中他！""话不能说死了，人家武大郎还娶了潘金莲呢！""哈哈，如果他能去打篮球，那该多好玩……"正在这时，里面办公室的门开了，走出一个小伙子，正是被大家嘲笑的小李！原来他中午加班，大家的议论他都听到了。一时间，双方都十分尴尬。只见小李，不但没有生气，反而笑嘻嘻地说：

"是啊，我当不了篮球运动员了，可是论打羽毛球你们谁是我的对手？下象棋，全公司谁下得过我？苏联第一个宇航员，千挑万选，还专门挑了个矮个子加加林，高个子还不行呢！再说了，哪天天塌下来，还有你们高个子替我顶着呢……"

小李的一席话，使自己也使对方走出了尴尬，大家说着笑着，还有人拍胸脯说一定要给这么优秀的小李介绍女朋友呢。

这里，针对别人说的对自己不利的话，小李发表了一番不卑不亢的自我调侃，不仅是对同事们嘲笑的含蓄的回击，而且是对自己能力和人格的肯定，话中闪着大度、自信与自尊的光芒，让人不得不油然而生一种敬意。

※ 改弦换调

1966 年，现代著名文学家林语堂从美国回台湾定居。同年 6 月，台北某学院举行毕业典礼，特邀林语堂参加，并请他作即兴演讲。安排在林语堂之前的几位颇有身份的演讲者，发表了冗长乏味的演讲，台下学生已是昏昏欲睡。林语堂发言时，他抬腕看了看手表，已经到十一点半，该是吃饭的时间了。怎么办，前面几位给他留下的尴尬场面该如何收拾？

只见他快步走上讲台，仅说了一句话：

"绅士的演讲应该像女人穿的'迷你裙'，越短越好！"

说完就结束了演讲。大家先是一愣，几秒钟后，会场上"哗"地响起一片笑声，随后是一片最热烈的掌声。第二天台北的各大报纸都出现了"幽默大师名不虚传"的消息。

在别人的发言时间过长给林语堂造成不利时，他没有坚持原来的演讲稿，而是随机应变，临时改弦换调，给听众带来意想不到的幽默和惊喜，化尴尬局面为有利场面。

不宜说的话：

　　1. 认真批评失言一方的话——对方往往是无心之过，并非有意让你难堪，和他较真儿，只会伤害他。

　　2. 不自然的话——尤其是在使用"佯装不知"这一技巧时，如果表现不自然，还是会在别人心里留下疙瘩，甚至会觉得你是一个不诚实的人。

不得罪人的拒绝

难度系数：★★★

难度何在：

1．拒绝人的时候，自己总会觉得难为情，开口拒绝本身就有难度。

2．被人拒绝的时候，心里难免不高兴，怎样说话才能让被拒绝的人不会留下不高兴的感觉，这是难上加难。

3．有时候拒绝带来的后果是伤害到双方的友情，怎样说话才能避免这样的后果，又是一个难题。

※ 设置条件，争取主动

小王毕业以后分配到一个小地方打杂，开始很失意，成天和一帮哥们喝酒、打牌。后来逐渐醒悟过来，开始报名参加等级考试。

有一天晚上，他正在埋头苦读，突然一个电话打过来叫他去某哥们儿家集合，一问才知道他们"三缺一"。小王不好意思讲大道理来拒绝他们的要求，也不想再像以前没日没夜地玩了，便回答说："哎呀，哥们，我的酸手艺你们还不清楚啊，你们成心让我'进贡'嘛，我这个月的工资都快见底了，这样吧，一个小时，就打一个小时，你们答应我就去，不答应就算了。"一阵哄笑后，对方也不好食言，后来他们都知道小王已经"另有所爱"了，也就不再时常来打扰了。

有时候，断然拒绝朋友的邀请显然不够意气。那就可以先给对方设置一个条件，争取自己及时脱身的主动权，让对方明白你的态度，也就不会太勉强了。

※ 巧设"圈套"，诱导否定

美国总统富兰克林·罗斯福在就任总统以前，曾在海军部担任要职。有一次，他的一位好朋友向他打听海军在加勒比海一个小岛上建立潜艇基地的计划。罗斯福神秘地往四周看了看，压低声音问道："你能保密吗？""当然能。""那么"，罗斯福微笑地看着他："我也能。"一阵哈哈大笑后，朋友也就不好意思再打听了。

再如，1972 年 5 月 27 日凌晨一点，美苏关于限制战略武器的四个协定刚刚签署，基辛格就在莫斯科一家旅馆里向随行的美国记者团介绍情况，当他说道"苏联生产导弹的速度每年大约 250 枚"时，一位记者问："我们的情况呢？我们有多少潜艇导弹在配置分导式多弹头？有多少'民兵'导弹在配置分导式多弹头？"基辛格回答说："我不太肯定正在配置分导式多弹头的'民兵'导弹有多少。至于潜艇，我的苦处是数目我是知道的，但我不知道是不是保密的。"一个记者连忙说："不是保密的。"基辛格反问道："不是保密的吗？那你说是多少呢？"记者们都傻眼了，只好嘿嘿一笑了之。

罗斯福和基辛格采用的就是巧设"圈套"、诱导否定的方式，既坚持了不能泄露的原则立场，又没有使对方陷入难堪，取得了极好的语言交际效果。这种技巧要求在对方提出问题之后，不马上回答，先讲一点理由，提出一些条件或反问一个问题，诱导对方自我否定，自动放弃原来提出的问题。

※ 模糊语言，含糊回避

有一次，庄子向监河侯借贷，监河侯敷衍他，说道："好！再过一段时间，等我去收租，收齐了，就借你三百两金子。"监河侯的敷衍就很有水平，不说不借，也不说马上就借，而是说过一段时间收租后再借。这话有几层意思：一是我目前没有，现在不能借给你；二是我也不是富人；三是过一段时间不是确指，到时候借不借再说。庄子听后已经很明白了，但他不会怨恨什么，因为监河侯没有说不借，只是过一段时间再说而已，还是有希望的。

再如，一个人求某单位的领导办事。领导说："我们单位是集体领导，像你的事，需要大家讨论，才能决定。你最好别抱太大的希望，如果实在坚持的话，待大家讨论后再说，我个人说话不作数。"这就是推托其辞，把矛盾引向另外的地方，意思是我不是不给你办，而是我确定不了。听者听了这样的话，一般都会明白其中的意思。

模糊语言的拒绝方式，适合用于不便明言拒绝的场合。既给对方留了面子，又不显得自己是一个不肯帮忙的人。

※ 剖析利害，以理服人

有一次建设局质检员小张的同学请他晚上到家里去喝两杯，小张知道这个同学平日里无事不登三宝殿，便问请的还有谁。同学一开始支支吾吾，最后才说出还有他那位做包工头的亲戚。

小张不想去赴宴，又不好跌同学的面子，便说了一番坦诚的话："你我同学一场，应该清楚我的为人。若是你我几个老同学凑个热闹，我一定欣然前往。可是由于我的特殊身份和你那位亲戚的关系，我才不能去喝这个酒。建筑工程，百年大计质量为本，将来即使你那位亲戚承包的工程质量合格了，我公事公办问心无愧，但别人还是会对我还有你的亲戚说三道四。你那位亲戚的心情我理解，其实工程质量检测不是我一个人说了算，何必事先就把事情弄得这么复杂呢？况且，万一工程质量有什么闪失，到时咱俩见面会有多尴尬啊。"一席话说得合情合理，把其中的利害关系分析得非常透彻，那位同学也就不再勉强小张了。

当有些请求确实不适合自己的时候，哪怕对方是关系再好的朋友或者对方的态度诚恳至极，你也不能支支吾吾、半推半就，而应当讲明事理，彻底打消对方的念头。

不宜说的话：

1. 容易被对方纠缠的话——如"今天没时间"，对方会说："没关系，我也不急，你明天帮我做好了。"

2. 容易被对方反驳的话——如"不好意思，这个舞我跳不好"，对方会说："别害怕，我慢慢带着你跳好了。"

3. 让对方觉得亲密的话——如称呼不熟的人为"兄弟"，这样会让双方产生亲密感，想要拒绝就不容易了。

面对无理要求如何说"不"

难度系数：★★★

难度何在：

1．面对无理要求，盲目答应当然不行，但是否应该一律严词拒绝，这是面临的难题之一。

2．如何说话，才能既拒绝了对方，又不惹火对方，是难题之二。

※ 用"类比"反驳对方

一家公司的经理在一次业务谈判中，受到了另一家公司业务员的顶撞。为此，他气冲冲地找到另一家公司的经理，吼道：

"如果你不向我保证，撤销上次那个蛮横无理的工作人员的职务，那么，显然是没有诚意和我公司达成协议！"

这家公司的经理听了微微一笑，说：

"经理先生，对于工作人员的态度问题，是批评教育还是撤职处理，完全是我们公司的内部事务，无需向贵公司做什么保证。这就同我们并不要求你们的董事会一定要撤换与我公司工作人员有过冲突的经理的职务，才算是你们具有与我公司达成协议的诚意一样。"

先前怒气冲冲的经理顿时哑口无言。在这里，后一家公司的经理就巧妙地运用了类比的技巧。虽然说这两家公司有很多不同之处，但有一点却是相似的，即两家公司对工作人员或经理的处理完全是各公司的内部事务，与和对方有没有诚意合作无关。该经理就是抓住了这一相似点作比，从而敬告了对方所提要求的过分和无理，表达了对其态度蛮横的不满。

※ 倒转乾坤，让对方无计可施

有一次，萧伯纳的脊椎骨出了毛病，需从脚上取一块骨头来补脊椎的缺损。手术做完后，医生想多捞一点儿手术费，便说：

"萧伯纳先生，这是我们从来没有做过的新手术啊！"

萧伯纳当然听出了医生的言外之意，但向病人索取额外的手术费，显然是不合规定的，萧伯纳不愿意再给医生"塞红包"，但又不便明确拒绝，便装傻卖愚地顺着另一层意思说下去：

"这好极了！请问你们打算支付我多少试验费呢？"

医生顿时窘住了，只好讪讪离开。一句原本向萧伯纳索要的语言，顷刻间被萧伯纳倒转乾坤，改造成他是索要的主体了。其奥妙在于，萧伯纳利用了"同因异果"的语言现象，有意从对方提供的原因中推导出与其意图相左的结论：作为从未做过的手术，医生因为其难而得出应多支付报酬的结果，萧伯纳则因为其以自己的身体做试验品而得出向对方索取试验费的结果。原因相同，结果却相反，但都是顺因推导，因而都属于言之有理。萧伯纳正是钻了这个空子，巧妙地回绝了医生的无理要求，体现了高度的语言智慧。

※ 仿词套句，让对方哭笑不得

一位衣冠楚楚的男子在大街上追上一位年轻漂亮的女子，说：

"喂！小姐，我请你看电影好吗？"一边说一边不怀好意地盯着女子。

"不，谢谢你！"

"喂！"这位男士还是没完没了地纠缠："你必须搞明白，我可不是那种随便邀请女孩子看电影的男人！"

女孩子笑着说："你也得知道，我也不是随便拒绝任何一位男人邀请的女孩子！"

那位男士顿时语塞，只好停止了自己的无理纠缠。女孩子摆脱男士的语言技巧，就在于仿词套句。在别人对她提出无理要求的情况下，她并没有疾言厉色逼其恼羞成怒，也没有软弱就范让他有机可乘，而是机智地使用了和对方相同的句式，给对方一个适度的打击，在幽默中显示出反击之意，在反击中又表露出轻蔑之情。面对这样的回答，对方稍有自尊的话，自然会狼狈而逃。

※ 义正词严，给对方下马威

有位姓周的女子，其丈夫是海员，长期不在家，她白天上班，晚上去却觉得有点儿孤独。为了消磨时光，她报了一个晚上开课的外语班，在课堂上，竟然发现了丈夫中学的同学。这位同学与丈夫相处得不错，因此她自然与他亲近起来。这位同学经常会在下课以后还到她家里坐坐，她也没觉得有什么不妥。

谁知，这位同学却暗地里打起了她的主意。一个周末的晚上，他邀请周女士去他宿舍喝咖啡。谈了一阵子，又邀请她看录像带。电视屏幕上出现了不堪入目的画面，他挨着她坐下，手搭在了她肩上。周女士这才觉察到他的不良动机。她马上起身，关掉了电视，随后，义正词严地说：

"俗话说'朋友妻不可欺'，你是我丈夫的朋友，他平时待你那么好，要是我把你今天给我看黄色录像带的事告诉我丈夫，不知道他会对你怎样啊？"

这位同学一听，大惊失色，连忙道歉："对不起，对不起，我错了，你可……可千万别告诉他！"说完，赶紧开门，让周女士回家了。

当你面对一些无理纠缠和要求时，而你又抓住了对方心理顾虑或害怕的事情（比如害怕事情败露，会影响声誉等），这时你就应该义正词严地斥责对方，并以他顾虑和害怕的事情相威胁，给他一个下马威，往往能使对方收回原意，停止无理的要求。

※ 略地攻心，让对方主动放弃

一位语文老师，她弟弟因为一场纠纷，被人告上了法庭，而接案的法官恰恰是她昔日的得意门生。一个晚上，这位老师前往学生家，希望他能念在师生情面上，将手腕往她弟弟这边扳一扳。法官显然有些为难，既不能枉法裁判，又不能得罪恩师。于是，他说：

"老师，我从小学到大学毕业，您一直是我最钦佩的语文老师。"

老师谦虚地说："哪里哪里，每个老师都有他的长处。"

法官接着说：

"您上课抑扬顿挫，声情并茂。尤其是上《葫芦僧乱判葫芦案》那一堂课，至今想起来记忆犹新。"

语文老师很快就进入角色了："我不仅用嘴在讲，也是用心在讲啊。薛蟠犯了人命案却逍遥法外，反映了封建官官相护、狼狈为奸的黑暗现实。"

"是啊，'护官符'使冯家告了一年的状，竟无人做主，凶犯薛蟠居然逍遥法外……贾雨村徇情枉法，胡乱判案。"法官接着感叹："记得当年老师您讲授完这一课，告诫学生们，以后谁做了法官，不要做'糊涂官'，判'糊涂案'，学生一直以此为座右铭呢。"

这位语文老师本来已设计好了一大套说词，但听到学生的一番话，再也不好意思开口了，自动放弃了不合理的请求。这位法官用的就是"略地攻心"的技巧，先用一句恭维的话，填平了老师的自负，最终拒人于无形之中。

这种技巧要求你了解对方的特性和目的，试探对方的心理，然后发动心理攻势，让对方高兴，或反激对方自负等方法，使对方自我否定，放弃不合理的要求，拒人于无形中。

说话机巧：

你的回绝方式要因人而异，对不同身份或关系的人，采取不同的说话技巧，否则就可能搞僵你与对方的关系，而对方却是你想保持良好关系的人。比如，对长辈、朋友或上司，你就不宜严词拒绝。

当有人向你借钱时

难度系数：★★★★

难度何在：

1. 借钱在人际交往中，本身就是一个敏感而棘手的话题。如果开口借钱的是朋友，好不好意思说出一个"不"字，这是难点之一。

2. 拒绝的话如何说出口，才能取得对方的谅解从而不至于影响双方的友情，是难点之二。

3. 当有人别有用心地向你借钱，如何回绝才能不让自己吃亏，是难点之三。

※ 摆明事实，说理拒绝

小陈的一个熟人匆忙来到他家，说他俩曾经在一起打工，睡在同一个宿舍，关系曾经如何如何不错，希望看在过去的情分上，请小陈借 5000 元给他买个门面，等赚了钱立刻归还。

小陈知道这个所谓的熟人是个不务正业的人，已经因为赌博而负债累累，现在向他借钱不过是在筹赌资而已。于是小陈对他说：

"你瞧，我们家刚装修完不久。当初，为了装修就已经欠下 1 万多元的债。再说，这两年我母亲又一直身体不好，看病花了不少钱，我自己的日子都过得有点儿紧张呢。所以，不是不帮你，而是实在无能为力啊。"

听了小陈这番摆事实、讲道理拒绝的话，那个借钱的"熟人"终于打消了借钱的念头。

生活中有些借钱的人别有用心，以彼此曾经是朋友、故交等理由为名，通过渲染过去的感情来达到借钱的目的。这时，你可以通过摆事实的方法，陈述自己的理由予以拒绝。

※ 义正词严，揭穿老底

刘军的一个很久不曾联系的高中同学跑来向他"借"钱，声称自己在做生意，眼下还缺4000元贷款，但自己那笔在银行的3万元的定期存款要到下个月才到期，因为急用才来请刘军帮忙，等存款到期了就立刻还钱。

刘军听后哑然失笑，当即毫不留情地说：

"你别坑我了，我听说你现在到处借钱，两年前你向我们的同学小王借的2000块，到今天还没还，哪可能还有什么存款来还我呀！看在咱们是同学的份上，我劝你还是别在这条路上越走越远了。到时候，法律可是无情的，你不如找点儿正事做做吧。"

听完这番话，来"借"钱的人只好灰溜溜地走了。

有些人借钱时喜欢虚张声势，不会承认自己没钱，而是声称自己很有钱，只不过暂时拿不到，因为"急用"，让你暂且"借"一下。面对这种人，你不妨可以根据自己掌握的信息，毫不客气地揭穿对方的老底，让对方无法再蒙骗过关。

※ 索债转移，吓退对方

老吴正在家里看电视，一个朋友不期而至，说是要借 1 万块钱去做点儿生意，鉴于这个朋友的诚信有点儿问题，老吴不想把钱借给他。于是老吴做出一副大喜过望状，拍着朋友的肩膀说：

"你来得正好！震南公司欠我半年的工资，咱们一起去要，要回来你拿去用就是了！"紧接着又说：

"不过，那家公司老板是个泼皮，还养着一群保镖打手，蛮不讲理得很呢！"

来人闻之色变，主动托故离去。当有人向你借钱，你又不好意思直接拒绝的话，不放试试这"索债转移"的技巧，不是你不把钱借给对方，你只是给借钱设置了一个帮你把债务讨回来的前提条件，让对方知难而退。这样，不仅给了对方面子，又不会使自己吃亏。

※ 提高警惕，辩驳对方

老许的一个朋友找上门来说，最近生意势头很好，只是本钱比较紧张，希望老许能借 2 万元作本钱，并声称每月的利息高达 5 分。

老许是个处事稳重的人，他觉得如此高的利息确实诱人，但利息越高可能风险也越大，于是他心里开始琢磨这事的可信性。他问对方：

"你借 2 万元本钱，一年可挣回多少利润啊？"

"5000 元。"没做准备的对方信口开河，接着又说："一年期满后我连本带利分文不差归还！"

这下老许严肃起来，辩驳道：

"你向我借这笔钱，一年的利息高达 12000 元，而你利用这笔钱仅能挣 5000 元利润。那么，你是专程来让我挣利息的还是在为你自己做生意的？"

老许的辩驳让对方哑口无言，只得狼狈而逃。

有些人专会利用大多数人想以钱生钱的发财心理，假借"高利"的幌子向朋友"借"钱，实则是在骗钱。如果你碰到了这种人，一定要头脑清醒、提高警惕，在心中盘算盘算事情的可信度，当场辩驳了对方，就会让他的诡计落空。

不宜说的话：

1. 态度不明的话——如"过一阵儿再说""我尽量想想办法"等，在借钱这个问题上，如果你想拒绝，最好是态度坚决果断，不拖泥带水。

2. 伤害对方的话——如果对方不是别有用心，你又何必去伤害他呢？

3. "嫁祸"于人的话——如"我这里实在没有，你向老李借去，听说他私房钱不少"，你虽然一时解脱了自己，却把难题留给了别人，那"老李"对你会有什么想法呢？

巧妙回绝筵席上的敬酒

难度系数:★★★★

难度何在:

1．酒席上的氛围总是喝酒容易拒酒难,想要拒绝本身就是一个很难的决定。

2．拒酒的话如何说,才不让劝酒的人觉得是你故意不给面子或者不让其他人觉得你在故意扫大家的兴,是难点所在。

※ 满面笑容,好话说尽

王某乔迁之日,特邀亲朋祝贺,小李也在其中,然而小李平素很少饮酒,且酒量"不堪一击"。酒席上,小赵提议和小李单独"表示"一下,小李深知自己酒量浅,忙起身,一个劲儿地扮笑脸,一个劲儿地说圆场话:

"酒不在多,喝好就行。"

"经常见面,不必客气。"

"你看我喝得满面红光,全托你的福,实在是……"

结果使小赵无可奈何。在筵席上一些"酒精(久经)考验"的拒酒者，任凭敬酒的人说得天花乱坠，他就是笑眯眯地频频举杯而不饮，而且振振有词。这种"满面笑容，好话说尽"的拒酒术往往能让对方拿你没办法，最后只好作罢。

※ 以子之矛，攻子之盾

小吴的朋友大伟，人特好，就是有一个毛病，喜欢在酒席上盛情劝酒，而且通常采取那种欲抑先扬的劝酒术，先恭维对方是"高人"或"朋友"，再举杯敬酒，让对方骑虎难下。因为大伟已经在先，如果不喝，就不配为"高人"，不配做"朋友"。

这天在酒席上，大伟又故技重施，劝小吴喝酒，可小吴怎么也不想喝了，于是说：

"今天你要我喝酒简直是要我的命。如果你把我当朋友，就不要害我了！"

大伟也不好意思再劝了，小吴使用了和他一样的说话技巧，可谓是以子之矛，攻子之盾。因为小吴的言下之意也很明白：你要我喝酒就不够朋友！而劝酒者都有一个心理：喝也罢，不喝也罢，口头上都必须承认是朋友，是兄弟。抓住这个弱点予以反击，劝者碍于"朋友"的情面，不得不缄口。

※ 实话实说，争取谅解

小郑去参加一个宴会，小林好久没与他见面了，坚持要和小郑痛饮三杯，小郑说：

"你的厚意我领了，遗憾的是我最近一段时间身体不好，正在吃药，好久已是滴酒不沾，只好请老朋友你多多体谅了。好在来日方长，后会有期，日后我一定与你一醉方休，好吗？"

此言一出，宾客们纷纷赞许，小林也就只好见好就收了。

事实胜于雄辩，拒酒时，若能突出事实，申明实际情况，表明自己的苦衷，再配上得体的语言，那就能取得劝酒者的谅解，使他欲言又止，辍杯罢手。

※ 强调后果，表示感谢

饮酒当然是喝好而不喝倒，让客人乘兴而来，尽兴而归。那种不顾实际的劝酒风，说到底，也不过是以把人喝倒为目的，这充其量只能说是一种低级趣味的劝酒术，是劝酒中的大忌。作为被动者，当酒量喝到一半有余时，就应向东道主或劝酒者说明情况。如：

"感谢你对我的一片盛情，我原本只有三两酒量，今天因喝得格外称心，多贪了几杯，再喝就'不对劲儿'了，还望你能体谅。"

如此开脱以后，就再也不要喝了，这种实实在在地说明后果和隐患的拒酒术，只要劝酒者明白"过犹不及"的道理，善解人意者，就会见好就收。

※ 女将出马，以情动人

媛媛陪丈夫去参加聚会，酒席上丈夫的好朋友们大有不醉不归的架势。但丈夫身体不好，媛媛担心生性内向的丈夫会一陪到底，而不会适时拒绝。等丈夫三杯白酒下肚，媛媛站了起来，举起手中的酒，对酒席上丈夫的朋友们说：

214

"各位好朋友，我丈夫身体不好，两周前还去过医院，医生特地关照说不能喝酒，可今天见了大家，他高兴，才喝了那么多。既然都是好朋友，你们一定不忍心让他酒喝尽兴了，人却上医院了。为了不扫大家兴，我敬各位一杯，我先干为尽！"

说完，一杯酒就下了媛媛的肚子。丈夫的朋友们，听她说的话挺在理，又充满感情，再看她豪爽的架势，也就不再劝她丈夫的酒了。

酒席上，女人拒酒往往更能得到人们的理解，如果女人能帮着丈夫拒酒，不就可以帮丈夫解围了吗？当然这时，一定要慎重，不要贸然代替丈夫拒酒，否则会让人觉得你的丈夫不豪爽，反而有损丈夫的面子。

※ 巧设圈套，反守为攻

刘某新婚大喜之日，当酒宴进入高潮时，某"酒仙"似醉非醉、侃侃而谈，请三位上座的来宾一起"吹"一瓶。面对"酒仙"言辞上的咄咄逼人，三位来宾中的一人站起来说：

"我想请教你一个问题：'三人行，必有我师'，这是不是孔子的话？"

"是的。""酒仙"随即说。

来宾又问：

"你是不是要我们三个人一起喝？"

"酒仙"答：

"不错。"

来宾见其已入"圈套"，便说：

"既然圣人说：'三人行，必有我师'，你又提出要我们三人一起喝，你现在就是我们最好的老师，请你先示范一瓶，怎么样？"

这突如其来的一击，直逼得"酒仙"束手无策，无言以对，只得解除"酒令"。

这一招叫"巧设圈套，反守为攻"，就是先不动声色，静听其言，等待时机，一旦时机成熟，抓住对方言辞中的"突破口"，以此切入，反守为攻，使对方无言争辩，从而回绝。

不宜说的话：

1. 生硬拒绝的话——如"我偏不喝，你能把我怎么样？"这样没准儿就会和劝酒者发生争吵，而趁着酒劲儿，一旦争吵起来，很可能就会丧失理性，使喜庆的宴会变成充满火药味儿的战场。

2. 拉开架势的话——"你逼我喝？好，我今天豁出去了，谁怕谁？"本来是想拒绝，经这么一说，反倒成了挑战，实在是事与愿违。

3. 有漏洞可钻的话——"不用了吧，咱俩谁跟谁？"没准对方会说："就是，咱俩谁跟谁？我的酒你能不喝吗？"

遭到上司的指责时，该如何说

难度系数：★★★★

难度何在：

1.遭到上司的指责时，心情难免紧张和沮丧，在这样的心理状态下如何说话才算得体，是难点之一。

2.如果上司的指责是错误的，你要如何说话，才能既不让上司丢了面子，又不致使自己被错怪，是难中之难。

※ 强词夺理的幽默

比尔是一家大公司的职员，他经常在办公时间出去理发。尽管他也知道这样做是违反公司规定的。但他被理发店里一位美丽的姑娘吸引住了。一天，当比尔又在理发时，公司的经理恰好经过，比尔无法躲开了。经理说："你好，比尔，我看见你在办公时间理发，该作何解释？"

当着自己心仪的姑娘，比尔觉得不能丢了面子，他只有强作镇静地说："是的，先生，你看，我的头发都是在工作时间长出来的。"

"不是全部吧，其中一部分是在下班时间内长的。"

比尔很有礼貌地回答：

"您说得对极了，先生。所以，我只剃去一部分而不是全部剃掉。"

听着比尔的强词夺理，旁边的姑娘"扑哧"笑了，在姑娘的笑声中，经理原本准备责备一番比尔的怒气也随之不见了。试想，面对经理的责备，比尔如果不来一番强词夺理的幽默，又如何能获得姑娘的青睐和经理的宽恕呢？

在一些不是特别事关原则是非的问题上遭遇到了上司的指责，而恰巧指责你的场合又不是严肃的工作场合，你不妨来点儿恰到好处的强词夺理，制造幽默氛围，以化解上司的怨气。

※ 自我嘲讽

乾隆初年，每逢元宵节前后几日，皇帝都要到西苑南门内的"山高水长楼"与王公大臣聚宴。这一次，君臣正在一边吃水果点心，一边观赏灯展，接着又放了烟花，景象十分壮观。此时，一位身材矮小、驼背的大臣对乾隆说："陛下这是玩物丧志啊！以后不能再搞了。另外，陛下整日沉醉于诗词之中，必会妨碍朝政。"

乾隆火了，当着众大臣的面开始责备他："你是何种渺丈夫，胆敢如此直言，不怕朕要了你的脑袋?！"

幸亏这位大臣会说话，当下奏道：

"微臣不敢。微臣虽然面貌丑陋，但心地善良。"

乾隆一听这话笑了，免了他的死罪。大臣最后的话既有自嘲的味道，也是一种幽默，它使乾隆转怒为笑，从而逃脱一劫。大臣的话其实也不能说完全没有道理，只是他说的不是场合，选在了一个皇帝喜

218

庆的日子里，当然败坏了皇帝的心情。

现实生活中，可能也会有这样的例子，上司对你心生怨气而责备你时，并不是因为你的言行错误，而只是因为不合时机，这时如果能巧妙地说话博得他一笑，也就能收到转怒为喜的效果。

※ 正意反说

晋文公当政的时候，厨官让人献上烤肉，肉上却缠着头发。文公叫来厨官，大声责骂他说："你存心想让我噎死吗？为什么用头发缠着烤肉？"

厨官叩着响头，拜了拜，装着认罪，说：

"小臣有死罪三条：我找来细磨刀石磨刀，刀磨得像宝刀干将那样锋利，切肉肉就断了，可是粘在肉上的头发却没断，这是小臣的一条罪状；拿木棍穿上肉块却没有发现头发，这是小臣的第二条罪状；捧着炽热的炉子，炭火都烧得通红，烤肉都烘熟了，可是头发竟然没有烧焦，这是小臣的第三条罪状。君主的厅堂里莫非有怀恨小臣的侍臣么？"

文公说："你讲的有道理。"就叫来厅堂外的侍臣责问，果然有人想诬陷厨官，文公就将此人杀了。

这明显是个冤案，厨官受到了文公错误的斥责，但如果他正面辩解，有可能使晋文公火上加油，怒气更盛而获死罪。因此，聪明的厨官采取正意反说的方式为自己辩解。他装作认罪的态度供认了三条罪状，其实是为了澄清事实：切肉的刀如此锋利，肉切碎了而头发居然还在上面；肉放在火上烤，肉烧焦了而毛发犹存。这明显不合情理。至此，厨官已证明自己无罪，因此进而提醒晋文公，是否有人诬陷自己？立刻真相大白。厨官的辩解顺其意，却能揭其诬，可谓灵活机巧。

※ 忍辱负重

小甄刚大学毕业，进了政府机关，当了一名职员。这天，领导拿着一份文件，让他传真到市委宣传部，小甄照办了。可谁知，第二天，领导怒气冲冲地走进了小甄的办公室，当着众多同事的面，大声斥责小甄：

"你怎么做事的？让你发份传真到组织部，你却给我发到了宣传部！"

小甄一下子蒙了，他回忆了一下，确定领导昨天向他交代的确实是宣传部而非组织部，他想领导一定是在情急之中记错了。可是看着领导愤怒的脸，小甄二话没说，主动承担了责任：

"对不起，实在对不起！都怪我办事毛躁，本想抓紧时间办好，没想到闹了个大错。我一定会吸取教训的，保证不会有第二次了！"

说完，他赶紧又给组织部发了份传真。又过了一天，小甄被叫到了领导的办公室，领导真诚地向他道了歉，说自己那天因为着急，错怪了小甄。并夸奖小甄小小年纪，就懂得忍辱负重。自此，小甄在领导心目中的地位大大提升了。

上司也是凡人，也有犯错的时候，尤其在工作中，极有可能因为忙乱和着急，而错怪了你。这时，你千万记住：一定不要当着众人的面反驳上司，因为上司需要维护一定的威信和颜面，即使他错怪了你，你也不能当众让他下不了台。你应该暂时把责任承担下来，等上司清醒过来，发现自己错怪了你时，自然会为你当初的忍辱负重而感动。

不宜说的话：

1. 当众顶撞的话——令上司的脸面过不去，最后吃亏的只会是自己！

2. 推卸责任的话——工作中的责任心，是上司最看重的东西，这一点你必须牢记。

3. 乱开玩笑的话——上司因为工作上的原因责备你时，绝大部分的场合是比较严肃的，乱开玩笑，只会显得你毫不在乎你的上司。

如何巧言挽回在上司面前的失误

难度系数：★ ★ ★ ★ ★

难度何在：

1．在上司面前言行失误之后，心里一定充满了紧张和恐慌，这时还要做到保持理智地说话，是难点之一。

2．什么样的话，才能恰当地消除上司心中因为你的失误造成的怒气，是难点之二。

3．如何说话，才能不仅让上司"熄火"，还能让他转怒为喜，是难点之三。

※ 自圆其说，化辱为恭

纪晓岚中进士后，当了侍读学士，陪伴乾隆皇帝读书。

一天，纪晓岚起得很早，从长安门进宫，等了很久，还不见皇上来，他就对同来侍读的人开玩笑说：

"老头儿怎么还不来？"

话音刚落，只见乾隆已到了跟前。因为他今天没有带随从人员，又是穿着便装，所以没有引起大家的注意。皇上听见了纪晓岚的话，很不高兴，就大声质问：

"'老头儿'三个字作何解释？"

旁边的人见此情景都吓了一身冷汗。纪晓岚却从容不迫地跪在地上说：

"万寿无疆叫作'老'，顶天立地叫作'头'，父天母地叫作'儿'，皇上当之无愧地万寿无疆、顶天立地、父天母地，所以叫'老头儿'。"

乾隆听了这一番恭维的解释，就转怒为喜，不再追究了。

纪晓岚开了不适宜的玩笑，使自己陷入困境，可他随机应变地运用曲意直解，巧妙地将对乾隆有不尊性质的"老头儿"三字解释成"万寿无疆""顶天立地""父天母地"。这样不但化险为夷，而且化辱为恭。

上司需要树立和维护必要的威信，如果你不知天高地厚地对上司开了不适宜的玩笑，则有损于上司的威严，当然属于严重失误，这时如果你能巧妙地把玩笑话解释为称赞的话，则会收到意想不到的好效果。不过，掌握这样的技巧，比较难，除了要有高超的口才以外，更需要机智的反应能力。

※ 坦率道歉

有一次小王在和同事聊天时，开玩笑地说上司"像个机器人"，不巧的是正好被上司听到了。于是，小王给上司写了一张条子，约他抽空谈一谈，上司同意了。

"显而易见，我用的那个词绝无其他用意，我现在备感悔恨"，小王向上司解释道：

"我之所以用'机器人'之类的字眼，只不过想开个玩笑，我感到您对工作一丝不苟，但对我们有些疏远，因此，'机器人'三个字只不过是描述我这种感情的一种简短方式。请您谅解！以后我会注意自己的表达方式。"

上司为小王合情合理的解释和自我批评而深受感动，他甚至当即表态，说要努力善解人意，做个通情达理的领导。

小王的坦率道歉，让他和上司的关系化干戈为玉帛。有些人在对上司说了不敬的话时，往往会一味地自我谴责甚至自我羞辱，然后低声下气地去道歉。但许多情况下，仅靠一句"对不起"不会取得上司的谅解。道歉要坦率，更重要的是，要通过道歉把问题讲清楚，只有这样才能促成和上司的充分沟通，而顺利解决自己言行失误带来的感情危机。

※ 妙用修辞，巧表忠心

南朝梁有个大臣叫萧琛，能言善辩。在萧衍还没有称帝时，他就与之交好。后来萧衍当了皇帝，两个人之间的关系还是很亲密。

有一次，武帝萧衍举行大型宴会，萧琛也参加了。酒过几杯后，萧琛有些醉意，就趴在桌子上。武帝见了，就用枣子投他，正好打中萧琛的头。萧琛抬起头，竟然不假思索地拿起食品盒里的栗子就向武帝投去，正好打中武帝的脸。这时，旁边的官员都看到了，都吓得大气不敢出。武帝的脸也一下子沉了下来，刚要动气，萧琛急忙说道：

"陛下把赤心投给臣，臣怎敢不用战栗来回报呢？"

武帝一听，转怒为笑。这里，"赤心"是借用枣的形态做比喻的，

"战栗"则是借用了"栗"的谐音。可以想象，如果萧琛不是能机智快速的反应，及时想出了应答的办法，等待他的岂不是大祸临头！

在上司面前做错了事，道歉并不是唯一也不总是最正确的选择。因为道歉过后，上司可能只是原谅了你，怨气消了不等于喜气来了，而如果能像萧琛这样，明明是做错了事，可短短一句话，不但消解了上司的怨气，而且还带来了喜气，岂不是更高明的选择？给自己的失误，加上一个美丽的修饰，错误反而成了向上司表达忠心的举动，难道不令人拍案叫绝吗？

※ 真心恭维，再说道歉

余先生被调派到分公司工作了半年，一回到总公司，马上就赶着去问候以前很照顾他的陈科长。余先生对过去陈科长经常不辞辛苦地跑到分公司给予指导的事，反复地致谢，可是，不知怎么搞的，对方反应似乎很冷淡。

当余先生纳闷儿地走出门时，一名同事才过来告诉他："陈科长已经升为副处长了呀！"

不知道对方已经升官，依然用以前的职称称呼，可能会使对方的心里觉得不舒服。余先生顿时恍然大悟，后悔自己离开总公司半年没有事先确认对方的职位是否已经有所变化，所以才失了言，但说错的话已经收不回来，怎么办？他想了想，马上返回到陈处长的办公室，开口说：

"陈处！真是恭喜您了！您也真是的，刚才也不告诉我一下。我在分公司难免消息不灵通。不过，错漏您升官的消息，总是我的不是，真对不起，请原谅！"

像这样明白地讲出来，并把衷心的祝贺表达出来，自然也就化解了陈处长心中的不快。

犯了类似无心之过时，先用甜言蜜语恭维一番你的上司，再真诚地分析你的失误，表示你的歉意，不失为消除上司心中不快的好办法。

不宜说的话：

1. 佯装不知的话——犯了错误，还当作不知道，上司当然不会喜欢这样的下属。

2. 欲盖弥彰的话——正所谓"越抹越黑"，到最后恐怕再能言善辩的人也有口难辩了。

3. 推卸责任的话——"一人做事一人当"，是责任心的起码表现，如果连这个要求都达不到，上司以后怎敢再把重任交给你？

如何表达与上司不同的意见

难度系数：★★★★★

难度何在：

1. 唯上司之命是从，是普遍的观念，跟上司提相反的意见，意味着要承担比较大的风险。因此，敢于开口表达本身就是一件困难的事。

2. 如何提相反意见，才不会损害上司的尊严，是难点之一。

3. 如何提相反意见，才能不破坏你和上司之间的关系，是难点之二。

※ 正话反说

楚庄王的一匹爱马死了，他非常伤心，下令以上等棺木，行大夫礼节厚葬。文臣武将纷纷劝阻，都无济于事。最后，楚庄王还下令说，谁要再敢提相反意见，一律处死。

很明显，不论怎样改头换面，只要一说"不"，必是自取其辱。优孟知道了，直入宫门，仰天大哭，倒把楚庄王弄得异常纳闷儿，迫不及待地问他怎么回事。优孟说：

"那马是大王最喜欢的，却要以大夫的礼节安葬它，太寒酸了，请用君王的礼节吧！"

庄王越发想知道理由了，优孟继续说：

"请以美玉雕成棺……让各国使节共同举哀，以最高的礼仪祭祀它。让各国诸侯听到后，都知道大王以人为贱而以马为贵啊。"

至此，庄王恍然大悟，赶紧请教优孟该如何弥补自己的过失。终于将马付于庖厨，烹而享之。以优孟的地位，如果直陈利弊，凛然赴义，固然令人肃然起敬，但效果却不一定好。像这样正话反说，力挽狂澜，更是让人拍案叫绝。

跟上司提相反的意见，有些时候你的话是不好直接说出来的，为了避免尴尬，不妨从其反面说起。因为真理再向前一步就变成谬误，反之，反面的话稍加引申，就可能走向反面的反面。在你的反话中，上司认识到自己的不对了，自然就会改变他原来的意见，而且这样上司不会觉得你不给他面子。

※ 先恭维再反对

美国一家贸易公司的经理设计了一个商标，开会征求各部门的意见。经理报告说："这个商标的主题是旭日，象征希望和光明。同时，这个旭日很像日本的国旗，日本人看了一定会购买我们的产品的。"然后他征求各部门主任的意见。营业主任和广告主任都极力恭维经理构思的高明。最后轮到代理出口部主任的青年职员发表意见，他说：

"我不同意这个商标。"全室的人都瞪大了眼睛看着他。

"怎么？你不喜欢这个设计？"经理吃惊地问他。

"我倒不是不喜欢这个商标"，青年人直率地回答。其实从艺术的观点来说，这位青年人的确是有点儿讨厌那个红圈圈，他明白，和经理辩论审美观是得不到什么效果的，所以他只是说："我恐怕它太好了。"

经理笑了起来，反而饶有兴趣地说："这倒使我不懂了，你解释一下看看。"

"这个设计鲜明而生动自然是毫无疑问的，因为与日本的国旗相似，无论哪个日本人都会喜欢的。"

"是啊，我的意思正是如此，这我刚才已经说过了。"经理有些不耐烦地说。

这时，青年人话锋一转说：

"然而，我们在远东还有一个重要市场，那就是华人社会，包括中国大陆、中国香港，以及东南亚国家，这些国家和地区的人们看这个商标，也会想到日本的国旗。尽管日本人喜欢这个商标，但是由于历史的原因，这些国家和地区的人们就不一定喜欢，甚至可能产生反感。这就是说，他们不愿意买我们的产品，这不是因小失大了吗？照本公司的营业计划，是要扩大对中国和东南亚国家及地区贸易的，但用这样一个商标，结果是可想而知的。"

"天哪！我怎么没有想到这一点，你的意见对极了！"经理几乎叫了起来。

这位青年如果也是和其他人一样地对经理唯命是从，让旭日做成商标，将来产品销到远东之后，生意清淡，存货退回，那时即使意识到其原因是商标问题，也无可挽回了，况且那位代理出口部出席那次会议的青年能推卸责任吗？

要向你的上司表示反对意见时，你必须要有充分的理由，更要说得使他完全信服。但是，说话技巧的运用不能不讲究。上述例子中，那位青年一句"我恐怕它太好了"这样的恭维话，先满足了经理的自尊心，同时也不会使他产生不悦。然后，你再陈述反对的充分理由，经理也就不会因此而觉得难堪了。

※ 荒谬说理

有一年，秦始皇打算把打猎游乐的园林东延至函谷关，西扩至雍、陈仓一带。这样一来，几千万亩农田将成为牧场。优旃听到这个消息，想反对秦始皇这一决定。于是，他找了一个秦始皇兴致勃勃的时候探听虚实："听说皇上要扩大园林。"

"有这么回事！"秦始皇得意地说。

"太好了！"优旃说：

"园林扩大了，可以多养禽兽，要是敌人从东方来进攻，咱们可以用大大小小的麋鹿去撞死他们！"

秦始皇听了，哈哈大笑。再一想，明白了优旃的话，觉得自己的做法确实不妥，于是把扩大园林的事搁下了。

优旃要反对秦始皇的决定，当然不可以直言正谏，那样容易触怒对方，招来杀身之祸。因此，他极力表示赞成，同时也极力把麋鹿的作用夸大到不可能的地步，"要是敌人来进攻，可以用大大小小的麋鹿去撞死他们！"这显然是一个荒谬至极的结论。这使秦始皇在荒唐中醒悟到不能劳民伤财，只能养精蓄锐，以对付可能来犯之敌。这种荒谬说理的技巧，在跟上司表达相反的意见时，往往能收到戏剧性的好效果。让上司在一笑之间明白真理，不仅改变了他原本的主意，更重要的是，在这样一个轻松的氛围中，上司能不被你的机智和幽默所打动吗？

不宜说的话：

1. "主任，您刚才说的观点完全错了，我觉得事情应该这样处理……"

2. "您的办法，我不敢苟同，我以为……"

3. "您的决定，在实践中根本行不通，我认为应该……"

让上司愉快接受你的建议

难度系数：★★★★

难度何在：

1. 给上司提建议，总会有一定的心理压力。害怕好心提建议反而把与上司的关系弄僵了。

2. 如何说话，才能既让上司接受了你的建议，又让他觉得你不是在故意与他为难或者不给他面子。

※ 嬉笑怒骂

某家公司的待遇很差，职工苦不堪言。公司上级之所以不肯改善职员的待遇，是因为他认为下级职员是庸才，对公司不够忠心，工作不努力，而且多数人兼职。当有人拿其他同性质的公司作对比时，该上级说，他们公司的职员是正途出身，不像我的下属是杂牌军。

有一天，该上级的一位高级职员针对公司近来迟到人数逐渐增多这一现象，对上级说：

"初级职员简直没法到公司办事。"

上级问："道理何在？"

这位高级职员说：

"坐人力车吧，觉得车费太贵；坐电车吧，又苦于挤不上去；而且每月所出的电车费，也不堪负担，让他们如何能解决这个问题？"

高级职员叹了口气，一副毫无办法的样子。上级接着说：

"以步当车，一文不费，而且可以借此运动身体，不是好的办法么？"

高级职员摇摇头：

"不行，袜子走破了，他们买不起新的。我倒有一个办法，希望上级出一个布告，提倡赤足运动，号召大家赤脚走路上班，这个问题不就解决了吗？谁让他们命运太坏，生在这个时候？谁让他们不去想发财的门路，却当苦命的职员？他们坐不起电车、人力车，也不能鞋袜整齐地到公司上班，都是活该！"

他一面说，一面笑，说得公司上级也不好意思起来，只好同意改善一下部属的待遇。

在这里，该公司高级职员给上司提建议的办法就是"嬉笑怒骂"。他用责备下属的语气，尽量表露他们的苦衷，用反面的方式表达正面意思：公司待遇太低。在语气上虽是嬉笑，实质上是怒骂和批评。由于比较委婉，不伤对方面子，对方容易听进去，一旦觉察到自己的过失，就容易接受建议，改变行为。

※ 由此及彼

燕国处地僻远，国内人才缺乏。不但外面的有才之人不肯来燕国，就连燕国内几个人才也都先后离开燕国到别国去寻求发展了。对此，昭王心急如焚，只恐燕国会因此而衰落下去，迟早要被别国吞并。他手下的大臣给他出了一个招揽人才的好办法。郭槐说：

"从前有个国王，非常喜欢千里马，自己却没有，就宣称愿出一千两黄金买一匹千里马，却始终没有买到。国王手下的一个侍者说只要用五百两黄金就可以买一匹千里马。国王喜出望外，给了那侍者五百两黄金。但时隔不久，侍者给国王带回的却是一大堆死马的骨头，当然是用那五百两黄金买的。国王大为恼火，侍从却不慌不忙地向国王解释说，我国能用五百两黄金买大堆死马骨头，天下人自会相信国王您是真心肯出大价钱买千里马，这样的话，千里马一定会自动上门的。事实果如侍者所说，不到一年的工夫，这个国家就得到了三千匹千里马。既然如今大王真的很想招揽天下的英才以振兴燕国，那么就从我郭槐做起吧，我做事平庸，没有什么大才干，就像一堆死马骨头。如果您对我这个庸才很重用尊敬，那么天下比我有才能的贤人就会知道您确实是求贤若渴而纷至沓来，投奔您的门下，为大王所用。"

燕昭王觉得郭槐说得很有道理，就按照他的建议照办了。昭王处处尊敬郭槐，给他非常高的奖赏，封他很高的爵禄，各方面都给予特殊优待。这样，不到三年，天下的贤才就四面八方地奔向地穷山远的燕国来了，投到燕昭王的门下，为他献计献策。由于国内人才辈出，昭王也公正严明，时间不长，燕国就变得兵强马壮，国家繁荣昌盛了。

郭槐让燕昭王接受了他的建议的高明之处在于，由此及彼，以别人的成功的例子论证了自己建议的可行性，无形中为自己营造了气势。

给上司提建议，最好自己对该建议能有百分之百的把握，如果能引经据典地以真实存在过的真实例子为证，无疑会加大自己建议的说服力。让上司切实从内心认可这个建议，看到建议将要带来的利益，就必然乐意接受。

※ 兼并上司的立场？

李先生是一家比较知名网络企业的总经理助理。他的顶头上司王总乃搞学术、技术出身，由于工作重点长期落在研究开发领域，因此对企业管理依然一知半解，出于对技术的钟情与依恋，王总直接插手技术部门的事，把管理的层级体系搞得乱七八糟，其他部门虽然表面上敢怒不敢言，但私下里无不怨声载道，让李先生与其他部门沟通协调备感吃力。

经过思考，李先生决定采用兼并策略，再次向王总提建议。

他对王总说：

"真正意义上的领导权威包含着技术权威和管理权威两个层面，王总的技术权威已经牢固树立，如果能在人事、营销、财物方面的管理上更倾心的话，整体的领导权威就能树立得更加完美。"

王总听后，若有所思。后来，王总果然越来越多地把时间用在人事、营销、财务的管理上，企业的不稳定因素得到控制，公司运营进入了高速发展状态，李先生的各项工作也顺风顺水，渐入佳境。

李先生巧妙地兼并了王总的立场，这的确不失为向上司提意见的好策略。首先，它没有排斥上司的观点，而是站在上司的立场上，最终是为了维护上司的权威，出发点是善意良性的；其次，这种策略是一种温和的方式，能够充分照顾上司的自尊，易于被上司接受，效率较高；另外，它需要很强的综合能力，需要很高的社会修养，并非轻易能够针对不同情况，不断提出有效率的兼并上司立场的意见，久而久之，自己个人的领导能力亦会迎风而长，甚至来一个飞速提升。

不宜说的话：

1. "随便，都可以！"——上司会认为你冷漠，不懂礼节，对工作没有积极性。

2. "这事你不知道！"——这种不敬的话容易伤害上司的感情。

3. "您辛苦了！"——这句话，本应该是上司对于下属表示慰问式犒劳时说的，反过来说可能产生负面效应。

4. "我想这事很难办！"——上司分配工作任务下来时说出这种话，会直接地让上司下不了台，一方面显示自己在推卸责任，另一方面显得上司没有远见，让上司脸面上过不去。

巧妙地拒绝上司委托的某些事

难度系数：★ ★ ★ ★ ★

难度何在：

1. 拒绝上司意味着可能会得罪上司，不管你拒绝的是公事还是私事，都需要很大的勇气，更需要高超的智慧。

2. 拒绝的话如何说，才能不让上司认为你在故意拆台或故意不给他面子，从而为自己的前程埋下隐患，就是难点所在。

※ 甜言诉苦

新年快到了，单位准备排演一出《梁山伯与祝英台》。领导找来小萧和小黎，指定由两人担任剧中主角。他俩是单位的文艺骨干，这种安排当然是合适的。但这其中却有个不为人知的内情：小萧结婚前曾和小黎谈过恋爱，只是没有公开过。为表明自己的忠诚，小萧把单位排演的事告诉了新婚妻子。谁知，妻子不但不领情，还同他闹了别扭，并警告小萧不准同小黎接触。小萧不想让新婚妻子生气，可这样的话在领导面前又实在不好开口。

斟酌再三，小萧还是找到了领导。领导正在为节目安排忙碌着，小萧一边帮忙，一边搭话。见领导高兴，小萧便乘机进入正题：

"您知道，我最喜欢搞文艺了。您这么信任我，我心里甭提有多高兴和感激了。但夫妻戏，我与小黎演不太合适。您把她留下吧，再找男主角好吗？我与小黎合作也行，那您得另选别的性质的戏。"

小萧的话说得非常诚恳，领导悟出了其中的隐情之后，便愉快地做出了调整。

当领导因为不解详情而做出了不妥的安排时，你如果贸然闯进领导办公室，对领导指手画脚，气急败坏，那领导自然会认为你有意推诿，甚至认为你故意挑事，与他对着干。这时你应该先就领导对自己的器重表示一番感谢，用甜言稳住领导的心，然后再慢慢道出你的苦衷，这样才能显示出你对领导的敬重，领导才可能愉快地听你的诉说。

※ 触类相喻

甘罗的爷爷是秦朝的宰相。有一天，甘罗见爷爷在后花园里走来走去，不停地唉声叹气。"爷爷，您碰到了什么难事了？"甘罗问。

"唉，孩子呀，大王不知听了谁的挑唆，硬要吃公鸡下的蛋，命令满朝文武想法去找，要是三天内找不到，大家都要受罚。"

"秦王太不讲理了。"甘罗气呼呼地说。他眼睛一眨，想了个主意，说："不过，爷爷，您别急，我有办法，我明天替您去上朝好了。"

第二天早上，甘罗真的替爷爷上朝了。他不慌不忙地走进宫殿，向秦王施礼。秦王很不高兴，说："你一个小娃娃到这里来捣什么乱！你爷爷呢？"

甘罗说："大王，我爷爷今天来不了啦。他正在家里生孩子呢，托我替他上朝来了！"

秦王听了哈哈大笑："你这孩子，怎么胡言乱语！男人哪能生孩子？"

甘罗说："既然大王知道男人不能生孩子，那公鸡怎么能下蛋呢？"

甘罗的爷爷作为秦朝的宰相，遇到了皇帝的不可能做到的请求，却又找不到合适的办法拒绝。甘罗作为一个孩童，能如此得体地拒绝秦王，并让秦王不得不放弃自己的无理请求，实在大出人们的意料。

现实中，当上司提出一件让你难以做到的事情，如果你直言答复说做不到，可能会让上司损失颜面，这时，你不妨学学甘罗的技巧，说出一件与此相类似的事情，让上司自觉问题的难度，而自动放弃这个要求，这一招就叫"触类相喻"。

※ 欲擒故纵

林放是某市教育局的人事科长。有天，教育局的刘副局长来找他，说让他想办法把其自费毕业的侄子安排到某中学去工作。这显然不合政策，一下子让林放陷入了左右为难的境地。因为一旦出现问题，承担责任的是他，而不是刘副局长，但如果当场拒绝的话，又会得罪了刘副局长。于是他说："好，我会尽力为您办这事的，您让您的侄子把他的毕业证、档案材料给我送过来。"

刘副局长的侄子来了，但只有档案材料，没有毕业证，因为他虽然读完了两年学制，但学业不精，考试有几门没过，没有资格领取毕业证。林放让他回去等通知。

过了几天，刘副局长又来过问这件事，林放说了说他侄子的情况，随后就说："刘局长，我说话算数，您跟那所学校的校长谈谈，只要他们接收，我这就把关系给开过去！"

刘副局长从林放的话中显然听出了弦外之音，只好说："那就先放放再说吧。"

林放对刘副局长没有采取直接对抗的方式来拒绝，而是欲擒故纵、回避锋芒，既拒绝了刘副局长的委托，又没有让对方面子上过不去。

工作和生活中如何处理与上司的关系，是一个充满矛盾和冲突的难题，使许多人为之头疼。尤其是面对上司提出的一些明显不合理的请求时，该不该回绝，该怎么回绝，更是让很多人想破脑筋。而如果会巧妙地运用欲擒故纵的技巧，就能回避锋芒，避免跟上司的直接对抗，能让你的心灵自在、祥和，矛盾说不准就会在迂回曲折中得到了妥善解决。

说话机巧：

1. 选择合适的说话时机——在上司开心的时候，向他诉诉苦，上司没准儿心情一好就体谅了你的苦处。

2. 你的话一定要揭示事理——上司把不太合适的事委托给你，你一定要通过巧妙的语言进行说理，以期上司能反省自察，最终认识到自己的安排有欠周严。

3. 说话时一定要心平气和——在上司面前，指手画脚、说话唐突莽撞，只会让上司心生反感。

用恰当的话消解下属的怨气

难度系数：★★★

难度何在：

1. 如何察觉出下属心怀怨气，是做上司的难题之一。

2. 愿不愿意"屈身"去跟下属说慰问的话，是做上司的难题之二。

3. 如何说话，才能既让下属真心消除心中的怨气，又不失自己作为上司的尊严与威信，是难题之三。

※ 主动自责

彭德怀任国防部长的时候，有一次到东海前哨的一个炮兵阵地。负责同志对敌方情况掌握不透，惹得他心里不高兴。后来又发现弹药库竟然修在阵地前沿，禁不住大光其火，扬言要将团长"撤职，送军法处"。说得团长憋了一肚子的怨气。吃晚饭的时候，彭总叫身边的同志把团长找来，说：

"我今天又说错了话，不该说把你撤职，送军法处。其余的都对。你认为不对的，可以批评我，不能赌气不吃饭啊。"

彭总主动向团长承认自己说错了话。其实，从工作出发，他的火是发对了，理和势都在这一边。但是从部队团结、官兵关系着想，他的"我今天又说错话了"的自责，无疑给广大官兵留下了严格自律的印象，从而激励官兵提高军事素质，始终保持常备不懈的清醒头脑。作为国防部长，他的自责不仅当时消解了那位团长的怨气，给那位团长留了台阶，还给所在部队留了台阶。这个台阶不是让其下去了事，更重要的是下了台阶之后的发奋努力。

当下属因为你过激的批评而心怀怨气时，能主动找到下属，作真诚的自责，实际上就是传达一种体贴和慰藉，责的是自己，慰的是下属。这有利于在对方本已紧张的心理空间辟出一块"缓冲地带"，为最终的相互沟通和工作合作创造有利背景。

※ 晓以利害

某市无线电厂由于长期亏损，债台高筑，濒临破产。这天，该市电视机厂对无线电厂实行有偿兼并的大会在无线电厂举行。上千名职工感到耻辱，坚决反对兼并，愤怒的人群争吵着，吼叫着，吹口哨，鼓倒掌，场面十分混乱。

这时，电视机长的刘厂长，扯大嗓门对陷入失控状态的人群喊道：

"我告诉你们一个事实：到下个月工商银行的抵押贷款就要到期，无线电厂马上就要破产，上千名职工就要失业！难道你们愿意这个具有几十年历史的我市唯一的收录机专业生产厂家破产吗？难道我们厂上千名职工情愿失业，重新到社会上待业吗？请问，谁能使无线电厂不破产？谁能使上千名职工不失业？是能人，请站出来说话，有高招，请拿出来！你们反对兼并，拿出主意来！"

愤怒的人群开始静了下来，他面对着上千双充满期待的眼睛，接着说：

"我刘某人不是资本家，是国家干部。就我个人而言，叫我兼并无线电厂，我才不干呢！我又何必自讨苦吃？可我是共产党员，看到国家受损失，我于心不忍啊！"

这时有人站起来说："我要问你，你能保证我们不失业，无线电厂不破产吗？"

刘厂长说：

"有些同志对我不信任，这是可以理解的，因为不了解嘛。请大家放心，从并厂后第一个月起，如果再亏损，由我刘某人负责。我和大家同舟共济。如果要下海，我第一个带头跳！至于具体办法，我这里就不说了！"

这时，全场爆发出雷鸣般的掌声。在当时骚乱的情况下，面对愤怒的人群，训斥制止都不行，婉言相劝想必也不行。这时，刘厂长直言并与不并的利害得失，终于打破了人们的认识障碍，镇住了混乱的场面，又消解了大家的怨气。

下属与上司的一个不同之处在于，上司除了关心自己的利益之外，更应该关心单位的整体利益，而下属却更加关注自己的切身利益胜过关注整体利益。因此，对下属说话应该常记住"晓以利害"这一技巧，当他们对某件事有与单位上司不同的想法时，作为上司的你就应该明智地对他们进行一番权衡利弊的分析，只有让他们觉得你的决定才是真正有利于他们切身利益的时候，他们才会真心地消除不满，转而支持你的工作。

※ 抓住实质

冯玉祥当旅长时，有一次驻防四川顺庆，与一支"友军"发生矛盾。这支"友军"将骄兵惰，长官穿黑花缎马褂，蓝花缎袍子，在街上招摇过市，像当地的富豪公子模样。有一天，冯玉祥的卫士来报：

"我们的士兵在街上买东西，他们说我们穿得不好，骂我们是孙子兵。"

冯玉祥看到自己穿的灰布袄，便说：

"由他们骂去，有什么可气的。这正是他们堕落腐化，恬不知耻的表现！"

为了避免士兵们由于心理不平衡而生闷气，冯玉祥立即集合全体官兵，进行训话：

"刚才有人来报，说第四混成旅的兵骂我们是孙子兵，听说大家都很生气，可是我倒觉得他们骂得很对。按历史的关系来说，他们的旅长曾做过20镇的协统，我是20镇里出来的，你们又是我的学生，算起来，你们不正是矮两辈吗？他们说你们是孙子兵，不是说对了吗？再拿衣服说，绸子的儿子是缎子，缎子的儿子是布，现在他们穿绸子，我们穿布，因此他们说我们是孙子兵，不也是应当的吗？不过话虽这么说，若是有朝一日开上战场，那时就能看出谁是爷爷，谁是真正的孙子来了！"

几句话把官兵们说得大笑起来，再也不生闷气了。冯玉祥正是抓住了问题的实质，即军队就是比赛打仗的，而不是比赛穿衣服的，因此他把手下人说得心服口服。

当下属心怀怨气的时候，单纯劝导难以起到真正的作用，只有把他们心中的"怨结"打开，才能让他们的心情豁然开朗。而打开"怨结"的关键就是抓住令他们生气的问题的实质，带领他们走出思想的误区。

不宜说的话：

1. 听之任之的话——如"你爱生闷气就接着生吧！"，这还不如就让下属自己解决呢！

2. 火上浇油的话——如"像你这种心理状态还不如回家歇着去！"这样岂不与你的初衷背道而驰？

3. 一味责备的话——如"你就只顾自己，不为公司想想吗？"这样只会让下属的怨气更大！

图书在版编目（CIP）数据

开口就能说重点 / 陈凤玲编著 . — 长春 : 吉林文史出版社 , 2018.10（2021.4 重印）

ISBN 978-7-5472-5444-8

Ⅰ . ①开… Ⅱ . ①陈… Ⅲ . ①语言艺术—通俗读物
Ⅳ . ① H019-49

中国版本图书馆 CIP 数据核字 (2018) 第 222246 号

开口就能说重点

书　　名：开口就能说重点

编　　著：陈凤玲

责任编辑：程　明

封面设计：冬　凡

文字编辑：辛云梅

美术编辑：牛　坤

出版发行：吉林文史出版社

电　　话：0431-86037509

地　　址：长春市福祉大路 5788 号出版集团 A 座

邮　　编：130021

网　　址：www.jlws.com.cn

印　　刷：三河市兴博印务有限公司

开　　本：145mm×210mm　1/32

印　　张：8 印张

字　　数：176 千字

印　　次：2018 年 10 月第 1 版　2021 年 4 月第 4 次印刷

书　　号：ISBN 978-7-5472-5444-8

定　　价：36.00 元